JN091573

包括的性教育をはじめる前に読む本

社会を変える性教育

池田賢市
KENICHI IKEDA

新泉社

もくじ

第5章　包括的性教育とジェンダー規範

第6章　性教育を受ける権利

イラスト　仲島綾乃
ブックデザイン　山原　望

はじめに

日本では「性」は恥ずかしいもの、隠しておかなくてはならないものといったマイナスのイメージで語られることが多い。それは、道徳教育と重ねられ、とくに「性交」に関心をもつことは道徳的に正しくないこととされ、それが子どもたちを「性」から遠ざける結果になっている。

一方で、子どもたちはさまざまな情報に囲まれ、誤った知識と認識をいつの間にか身につけてしまっている。正しい科学的認識に基づかず、俗説などによって自分の身を危険にさらす子どもたち、そして若者たちが多くいる。性感染症や望まない妊娠などの問題は、その典型だろう。[*1]

「性」は「生」の根幹にかかわる。人が生きる中で「性」をどのようにとらえていくかは、人がどのように生きていくかと不可分である。人間関係をどう構築していくかといったときに、「性」を抜きにして考えることはできない。日本では、「性」教育という言葉が「性器」や「性交」と強く結びつけられてイメージされるが、本書では「セクシュアリティ」教育として「性教育」を考えていく。つまり、「性」の問題を人権の問題として把握していくということである。それは、子どもや若者たちが自身の「健康とウェルビーイング（幸福）、尊厳を実現すること」、「尊重された社会的、性的

＊1　男女共同参画白書（令和5年度版）の中で、内閣府による「男女間における暴力に関する調査」に基づき、次のような結果が示されている。女性の14人に1人は無理やりに性交させられた経験をもち、加害者との関係では、「まったく知らない人」との回答は11％しかなく、多くは、交際相手や職場の同僚など「知り合い」からの被害である。その被害について女性の6割は相談していない。https://www.gender.go.jp/about_danjo/whitepaper/r05/zentai/html/honpen/b1_s05_02.html（最終閲覧日5月29日）

また、若年層（16～24歳）の性暴力被害の実態に関する調査では、4人に1人が「望まない性的な言動」の被害に遭っており、加害者は（元）交際相手、学校の関係者（教職員、先輩、同級生等）といったように、やはり「知り合い」が

関係を育てること」、自らの「選択が、自分自身と他者のウェルビーイング（幸福）にどのように影響するのかを考えること」、そして、生涯を通じて自らの「権利の保護を理解し確かなものにすること」を実現させるための知識やスキル、態度や価値観を身につけていけるような教育である。[*2]

今日、このような教育は「包括的性教育」と呼ばれている。これは明日からでもすぐに始めたいのだが、そのためにはいくつか解決しておかなくてはならないことがある。本書では、この点を明らかにしていきたい。

本書の構成と成り立ち、活用方法について、若干述べておきたい。

まず第1章で、日本での性教育の歴史について整理する。ただし、これについては、いくつもの優れた業績が積み重ねられているため、本書ではそれらに基づいたごく簡潔な整理にとどめている。とはいえ、とくに2000年代に入ってからの「性教育バッシング」には強い関心をもたざるを得ない。社会に「性」への否定的見方がある中で、包括的性教育は、少なくとも9歳ごろから「性的接触」について扱い、性的欲望を自然なこととして肯定的にとらえ、正しい知識に基づき、どのような態度をとっていくべきなのかを教え、また、同性愛についても扱う。こうした包括的性教育が、果たして実践可能なのか。そこで、実際に小中学校の保健室で子どもたちの悩みに向き合ってきた教員に話を聞いてみたのが第2章である。いろいろな工夫をしながら、学校として性教育をどう実践してきたのかが明らかにされている。

挙げられている。https://www.gender.go.jp/policy/no_violence/e-vaw/chousa/pdf/r04_houkoku/02.pdf（最終閲覧日5月29日）

＊2 ユネスコ編／浅井春夫他訳『国際セクシュアリティ教育ガイダンス【改訂版】――科学的根拠に基づいたアプローチ』明石書店、2020年、28頁。

次に、第3章で「包括的性教育」とはどのような教育のことなのかを、ユネスコの『国際セクシュアリティ教育ガイダンス【改訂版】』をもとに整理し、それに基づく実践を第4章で紹介する。これを読めば、実際に包括的性教育をどのように実践していくかがわかる。同時に、現在の学校現場が抱える限界も知ることができる。

ここまでの実践的な議論を踏まえて、第5章では、国連の子どもの権利委員会などからの日本政府への勧告において、日本の性教育の現状にきわめて厳しい課題が突きつけられていることを確認する。

第6章では、なかなか性教育実践が進んでいかない要因を「3つの壁」と表現し、検討してみた。その3つとは、「寝た子を起こすな」論、「勘違い（考えすぎ）」論、「被害者（被差別当事者）責任」論である。

最後の第7章では、包括的性教育を「まずは、始めてみる」ためには何が必要かを述べた。実は、ほんの小さなところから始められることがわかるはずである。

本書の成り立ちは、まったくゼロから新しく企画されたというよりも、実は、その前段がある。第2章と第4章の実践論は、2021年出版の拙著『学びの本質を解きほぐす』（新泉社）についてのトークイベント（東京の浅草にある書店Readin' Writin' BOOK STOREにて全6回開催）の中での対談を元にしている。対談後、「性教育」をテーマに理論的な考察も加えながら、学校現場の実践を後押しするような本をつくったほうがよいのではないかという展開になった。[*3]

＊3 拙著は、5つのテーマ（不登校・学力・障害・道徳・校則）から日本の学校での学びのあり方を批判的に検討しているのだが、「性・ジェンダー」については扱っていない。本書はそこを補う意味もある。

本書の特徴は、子どもたちの人権保障として性教育を位置づけた上で、その実践を具体的に考えたところにある。ぜひ、学校現場での校内研修（あるいは自主研修）などで活用してほしい。と同時に、これから教員を目指す学生たち、そして、いま学校に子どもを通わせている保護者に読んでもらいたい。もちろん、これまでの学校経験で「性」に関する教育にモヤモヤとした疑問や不満をもってきた人たちにも読んでもらいたい。とくに教員の方には、まずは、第2章と第4章の実践報告を読んでみてもらえれば、「性教育」の必要性とその「おもしろさ」が感じられるはずである。

なお、本書の内容の理解を助ける意味で、限られたものではあるが、性教育に関する年表と参考文献を掲げた。参考にしていただければと思う。

性教育年表

（2024年5月現在で作成）

※「性教育」についての網羅的な年表をつくることは、その視点の置き方によってもさまざまとなり、きわめて難しい（というより、不可能）。したがって、ここに挙げた項目は、本書の理解の助けとなるだろうというものに限っている。むしろ、読者が独自の年表をつくるきっかけになれば幸いである。

年	事項	解説
1946年	戦後初の衆議院議員選挙で39人の女性議員が誕生	
1947年	文部省通牒「純潔教育の実施について」	
	文部省純潔教育委員会発足	
1948年	優生保護法制定	
1949年	ボーヴォワール『第二の性』(Le Deuxième Sexe) 出版	「人は女に生まれるのではない、女になるのだ」と書き、「女」が社会的・文化的につくられたものであるとした、ジェンダー論の古典的名著。女を男より劣った、従属する「第二の性」としてつくりあげる性の支配装置を明らかにし、そこからの解放の道を示した。
	文部省通牒「純潔教育基本要項」	
1950年	文部省純潔教育分科審議会『男女の交際と礼儀』刊行	
1953年	文部省「明るい生活―中学校高等学校における性教育の手引き―」作成	
1954年	日本家族計画協会発足	

年	出来事	備考
1970年	田中美津「ぐるーぷ・闘うおんな」を結成、ウーマン・リブのデモ主宰	
1975年	国際女性年	
	TVコマーシャル（ハウス食品）「私作る人、僕食べる人」が批判される	
1979年	養護学校義務化	障害の有無による学校教育の分離・別学の制度化
	国連女性差別撤廃条約採択	日本の批准は1985年
1982年	性教協（一般社団法人〝人間と性〟教育研究協議会）設立	
1985年	日本で最初のエイズ患者	
	男女雇用機会均等法制定	
1989年	学習指導要領改訂で小5理科で「人の発生や成長」が入る	
	国連子どもの権利条約採択	日本の批准は1994年
	学習指導要領改訂で家庭科男女共修に	新学習指導要領への移行期の1990年に共修開始（中学校）。それ以前は、女子は家庭科、男子は技術科と、性別によって別々の内容を学習。1958年の学習指導要領によってこの別学が規定。性別役割分担の発想が前提としてあったといえる。

1990年	「府中青年の家」事件	動くゲイとレズビアンの会（通称アカー、OCCUR）が、府中青年の家の利用（宿泊）に対して同宿の他団体から同性愛者を差別する嫌がらせを受けた。再度の利用を申し込んだ際、「青少年の健全な育成にとって、正しいとはいえない影響を与える」、「秩序を乱す恐れがある」などとして使用が認められなかったため、訴訟となった。アカー側の勝訴。
1991年	金学順（キム・ハクスン、韓国人女性）が元「慰安婦」としてカミングアウト	
1992年	「性教育元年」と称される	
1994年	カイロ国際人口・開発会議で「リプロダクティブ・ヘルス／ライツ」提唱	リプロダクティブ・ヘルス（性と生殖に関する健康）とは、人間の生殖システムの機能等に関して、単に疾病等がないというだけでなく、身体的、精神的、社会的に完全に良好な状態にあることをいう。リプロダクティブ・ライツ（性と生殖に関する権利）は、すべてのカップルと個人が自分たちの子どもの数、出産間隔、出産する時を責任をもって自由に決定でき、そのための情報と手段を得ることができるという基本的権利、そして、最高水準の性に関する健康とリプロダクティブ・ヘルスを得る権利のこと。
1995年	アジア女性基金設立	2007年3月解散
1996年	優生保護法が法改正により母体保護法に	
1998年	国際刑事裁判所ローマ規程において、性暴力を「人道に対する犯罪」と明記	最も重大な犯罪（①集団殺害犯罪②人道に対する犯罪③戦争犯罪及び④侵略犯罪）を犯した個人を国際法に基づき訴追し、処罰するための常設の国際刑事法廷であり、「人道に対する犯罪」の中に「強姦、性的な奴隷、強制売春、強いられた妊娠状態の継続、強制断種その他あらゆる形態の性的暴力であってこれらと同等の重大性を有するもの」と明記。

年	事項	解説
１９９９年	男女共同参画社会基本法施行	
	第14回世界性科学学会で「性の権利宣言」が採択	
	フランスで「ＰＡＣＳ（パックス、連帯市民協約）法」成立	ＰＡＣＳとは、性別に関係なく成年に達した二人の個人間で安定した持続的共同生活を営むために交わされる契約のこと。結婚している夫婦と同様に税金の控除等を受けられる制度。同性カップルの権利拡大を制度的に保障。
２０００年	フランスで「パリテ（男女同数）法」成立	パリテとは「同等」を意味し、法律の正式名称は「選挙による議員職および選挙によって任命される公職への男女の均等なアクセスを促進する２０００年６月６日の法律」。国会議員の選挙において候補者数を男女同数（パリテparité、50%ずつ）にする法律。同数でなかった場合、候補者数の男女の開きに応じて政党助成金が減額される。その後、この措置は段階的に強化され、法律施行前後では下院の女性議員比率は10%強であったが、その後急上昇し、２０２１年で約40%（日本は約10%）。「パリテ」とは、意思決定機関における権力を男女の間で平等に分かち合う（partage）道具であり、目標であるとされる。
２００３年	七生養護学校（現七生特別支援学校）での性教育実践へのバッシング	
	性同一性障害の性別の取り扱いの特例に関する法律制定	性別取り扱いの変更に際し、生殖腺がないことや性器の部分が近似する外観を備えていることなどが明記された。
２００５年	「過激な性教育・ジェンダーフリー教育実態調査プロジェクトチーム」が発足	

年	出来事	備考
２００６年	国連障害者権利条約採択	日本の批准は２０１４年
	教育基本法改正	
２００９年	ユネスコを中心に「国際セクシュアリティ教育ガイダンス」を作成・発表	
２０１５年	国連持続可能な開発サミットでＳＤＧｓ採択	17の目標のうち№５は「ジェンダー平等の実現」。東京・渋谷区と世田谷区で同性カップルのパートナーシップ制度導入。※２０２４年３月現在で約４００の自治体で導入。
	一橋大学アウティング事件	
２０１７年	「生理の貧困」が話題となる	ＮＧＯプラン・インターナショナルによるイギリスでの調査がきっかけ。日本では、２０２１年の調査で、36%の女性が生理用品の購入をためらったり、購入できずにいることが明らかに。背景には、経済的理由だけではなく、恥ずかしいもの・隠すものといった固定観念、相談できない環境などが。
２０１８年	足立区での性教育実践に対するバッシング	
	「特別の教科 道徳」が小学校で開始（中学校は２０１９年から）	
	政治分野における男女共同参画の推進に関する法律施行	選挙において男女の候補者数をできる限り均等にすることを目指すもの。日本版パリテ法とも言われているが、効果は上がっていない。
２０１９年	成育過程にある者及びその保護者並びに妊産婦に対し必要な成育医療等を切れ目なく提供するための施策の総合的な推進に関する法律（成育基本法）施行	

年	事項	解説
２０２１年	生命（いのち）の安全教育	生命の尊さや性暴力の根底にある誤った認識等を理解し、生命を大切にする考え、自他を尊重する態度などを身につけることを目指すとされている。２０２３年度より小中高での活用が目指された。詳しくは文部科学省のホームページを参照。
２０２３年	刑法改正により「不同意性交等罪」「性的姿態等撮影罪」などが創設	
	ＬＧＢＴ理解増進法（性的指向及びジェンダーアイデンティティの多様性に関する国民の理解の増進に関する法律）施行	
	男女間賃金格差透明化に関するＥＵ指令	同一労働（価値）の男女同一賃金を確保することを目指すもので、対象は、従業員１００人以上の企業。企業には、２０２６年までに男女賃金格差を分析・公表する義務が課される。５％以上の賃金格差がある場合、それを性別に中立的な基準で説明できないときは対策を講じなければならない。
２０２４年	札幌高裁が同性婚否定を「違憲」と判決	同性婚訴訟の争点となる憲法14条1項・24条1項・24条２項に関して、２０１９年以降、７件の地裁・高裁判決で６件が「違憲」「違憲状態」と判断。すべて「合憲」との判決は大阪地裁のみ。札幌高裁はすべて「違憲」とした。

序章

包括的性教育のとらえ方

1 自分を定義する5つの要素

もうずいぶん前に、人権教育についての会合に出席し、「自分を定義する5つの要素」を挙げる実践を知った。そのときの私の解釈も含めて言えば、この実践のねらいは、挙げられた要素による差別が存在しているのではないかと考えてみること、そしてその自覚の下で自らの生活を振り返ってみること、である。もちろん、自分のつらい体験と結びつくことは挙げにくいということはあるかもしれない。ただ、そう感じた時点で、すでにこの実践のねらいは果たされているともいえる。[*1]

この実践を知ったとき、私自身はどんな要素を挙げたか。すぐに出てきたのは、自分の生まれ育った土地と親の職業、好きなプロ野球チーム。さて、あと2つをどうしようかと迷った。「男であること」「日本国籍者であること」は、考えてはみたけれど自分を定義する要素として重要度は低いと思い、残り2つの候補としなかった。当時は明確に自覚できていなかったが、「性別」と「国籍」においてこれまで困った経験がなかったからに違いない。このことは、20世紀の半ばに、すでにボーヴォワールによって次のように説明されていた。[*2]

男だったら、人類のなかで男の占める特殊な状況についての本を書こうなどとは

＊1 これを学校教育で実践すれば、子どもたちの抱える問題に教員がいかに迫っていけるかを問うことになる。

＊2 シモーヌ・ド・ボーヴォワール／『第二の性』を原文で読み直す会訳『［決定版］第二の性―Ⅰ 事実と神話』新潮文庫、2001年、13頁。

思ってもみないだろう。ところが私が自分を定義しようとすると、まず「私は女である」と表明しなければならない。この事実が基盤となって他のすべての主張が出てくる。男の場合はけっして自分がある特定の性に属する個人であると認めることから始めたりはしない。男であることは、わざわざ言う必要のないことなのだ。

この指摘は痛快である。フランス語でも英語でも、「男」をあらわす単語は「人間」をもあらわすように、「男」にとって「男である」ことは、あらためて問う必要もないほど「自然なこと」として体験されていく。特殊なのは「女」のほうなのである。より正確に言えば、それは、「男ではない」という意味での特殊性だといえるだろう。

ボーヴォワールの指摘から（『第二の性』の出版は１９４９年）、かなりの時が経過した。しかし、少なくとも日本に生活している限り、性をめぐる状況はあまり変わっていないように思える。

2　性別をめぐる問題

最近、こんな場面に遭遇した。ある会議のメンバーに女性がわずかしかいないことを指摘した男性がいた。ジェンダー・バランスが叫ばれている現在においてこんな状況はきわめて不平等な状態である、女性の参画が必要である、3分の1は女性でなければならない、と。どうして2分の1ではないのだろう。かなり「進歩的なこと」を言ったつもりなのだろうが、半分が女性では平等ではないと思ったのだろうか。きっと、20人の会議で2人しか女性がいなくても（あるいは全員男性でも）、男性は何も言わないだろうが、逆だったら、つまり、18人が女性だったら、絶対に「偏っている」と言うはずである。

今日では、そもそも人間を男女という二分法で分類していくこと自体の問題性が指摘されている。「男女」というくくり方とそれに貼りついている役割期待自体（異性愛など）が、人々の生活実態とズレていることが表明され、これまでの人権侵害が明らかにされてきている。そして、法律がそのような「侵害状況」を維持させてきたことも認識されるようになってきている。それは、たとえば「同性婚」をめぐる裁判において、各地の判決でこれまでの民法等の規定が「違憲」ないしは「違憲状態」だとされるようになっていることからも明らかであろう。[＊3]

その一方で、学校では「男女の別」が見えやすく、かつ、教育活動の中でもその「差」が強調されていく。多くの人がもつこのような体験の中に、実は強烈な差別の構造が組み込まれていると言われたら、納得する人と疑問に思う人とに分かれるかもしれない。

仮に身体的な「違い」によって分けられることがあったとしても、そのこと自体が

＊3　2024年3月時点で、7つの地裁・高裁の判決で違憲が3件、違憲状態が3件、合憲が1件となっている。また、同性パートナーを殺害された男性が「犯罪被害者給付金」を受給できるかどうかが争われた裁判で、最高裁は、「支給対象になり得る」と判断している（2024年3月26日）。異性間の事実婚と同様の権利を認めたわけである。なお、事実婚には、法律婚で認められている税金での控除が受けられないなど、権利面での不利益がある。つまり、「共に暮らす」ということの形態において何層にも差別構造が組み立てられている。

問題というのではない。そこに「意味」を与える行為が伴うと、社会的につくりあげられていく「女らしさ」「男らしさ」の姿があらわれてくる。学校教育においては、これがごく自然な形で伝えられていく。「ジェンダー」とは、まさにこのような意味付与のあり方を問題にしていく概念である。したがって、本書で性教育実践を考えていくとき、ジェンダー・バイアス（偏見）を強化していく学校特有の文化に注意を払っていくことになる。

いま、身体的な違いについて「仮に」と書いたが、身体の違いは生物学的にも明らかなのではないか、と思われるかもしれない。もちろん、そのような違いが「ない」と言いたいのではないが、何の説明もなしに当然の事実として、その「違い」が「性別」となっていくというとらえ方には慎重でなくてはならない。生殖における役割の面で違いがあるということと、それによって「男女」というカテゴリーで人を分類していくこととの間には「すき間」がある。そこに橋を架けるものこそが問われなくてはならない。「ジェンダー」は、そこに「権力」の問題を見出すことを可能とする、きわめて重要な概念である。この点の議論は、本書全体に通底している。つまり、まず性差があって、そこに社会的な役割等が貼りついていくことの問題性を問うと同時に、むしろ、そのような「差」を生み出す社会的な認識、価値体系が先にあって、それを前提にして人間を眺めようとするために、「男女」という枠組みがまるで自然現象のように見えてくる、ということの問題性に着目したい。そして、この社会的認識枠組みが学校経験を通して、人々に強力に植えつけられていくことを問題としたい。「性教育」実践は、この部分に敏感でなくてはならない。

現在、教育政策の随所で「多様性（の尊重）」が謳われている。男女という「性別」も明確に区別され得るカテゴリーではなく、グラデーションとしてとらえるべきだという議論も一定の支持を得ている。しかし、この「男女」による二分法は、学校現場では根強い。しかも、この分類は、性的指向のパートナーとして設定される二分法である。つまり、異性愛を前提とした人間関係を正当化する。

しかし、ＬＧＢＴという表現が出てきたように、二分法も見直されつつあるのではないかとの見方もあり得る。ただ、「性的マイノリティ」と表現されていることを考えると、ここでも注意が必要となる。「マイノリティ」と言われる限り「マジョリティ」がいるのであり、そちらのほうが「普通である」という認識になっていく。異性愛としての男女の性的関係が基本だというとらえ方があるからこそ、「そうではない」分類が必要になってきたのである。[＊4]

3　権力支配という観点

本書での議論の中心のひとつは、学校での「性別」の扱われ方と、そのことが性教育実践に与えている影響、ということになる。そして、いわゆる性教育「バッシング」

＊4　ＬＧＢＴの他にもさまざまな表現の仕方があることは承知しているが、本書では、この問題が話題になり始めた当初の「くくり方」であるＬＧＢＴという表記を用いることとする。その表記を工夫していくことで現実に迫れるようになる一方で、「くくられていくこと」の問題性も意識しておきたいという思いがあるためである。重要なのは、ＬＧＢＴが「性の多様性（の尊重）」を意味しているわけではないという点である。

がそこに重ねられることで、いかに子どもたちが性をめぐる学びから遠ざけられていくかを批判的に見ていくことにもなる。なぜなら、そのことで、子どもたちは、性加害・被害の当事者にさせられていくからである。

このことは、これまでの性教育実践の具体的検討において、いわば「現場の声」として言われてきたことである。本書の第2章を読めば、そのことが具体的にわかってくる。しかし、その状況を踏まえて、別の問いを立てておきたい。それは、なぜ、学校では「性」をめぐる偏見が再生産されていくのか、なぜ性教育は「バッシング」の対象になっていくのか、ということである。これは、本書で重要視していく包括的性教育が何を目指しているのかと関連してくる。性教育は何を「理解」する教育か、という問いになるかもしれない。

この方向で考えていくと、私たちの社会が「性」を通して権力支配関係を確立しようとしていることがわかってくる。それを壊そうとしたり、結果としてその「関係」が不明瞭になっていきそうになるとバッシングされるのである。本書での議論は、このことをつねに意識している。「性」は「生」であり、人々の「生き方」そのものである。それが教育によって、反発を招くことなく、ごく自然な出来事として人々の意識を枠付けし、権力支配関係の中に組み込まれていくことを批判的に検討したい。

包括的性教育は、このような批判的思考を育てることになる。その点で、これまでの性教育のイメージとは異なっている。それは、いままでの自分のあり方（権力的関係の下で生きるあり方）を相対化し、別のあり方に向けて生活を問い直すようになることである。バッシングは、このことを嫌っている、あるいは危険視している結果起こるのである。他の人間関係のあり方が明らかになっていくことを恐れているといえるかもしれない。自分の生活を見直し、その組み替えを可能にしていく思考は、民主主義の基本であろう。これをつぶすのが、性教育バッシングである。「性交」を扱うことを「過激」だと言い、「同性愛」をマイナスに価値づけていこうとするのは、明示的に言われている「性交」や「同性愛」などのことそのものにではなく、そのことを通してこれまでの私たちの思考のあり方が変化していくことへの警戒心のあらわれである。あるいは、すでに人々のあり方が変化してきていることにフタをしたいということかもしれない。包括的性教育は、人々の身体を通して生き方を考えていくものであり、民主主義の構造を基礎づけるものである。だからこそ、それは人権教育となる。

第1章

性教育の変遷

1　性道徳と純潔教育

1945年の敗戦後、性風俗・性病への対策（米軍兵士による日本女性への性暴力対策なども含めて）として、また、大人たちの「性」をめぐる行動が青少年にも悪影響を与えるとして、学校教育に何らかの施策が求められるようになった。その中心が「純潔教育」であった。文部省（当時）は「純潔教育の実施について」等、いくつかの文書を作成し、男女間の肉体関係は結婚当事者間でのみ行われるべきものだとする「性道徳」を徹底しようとした。

もちろん、このような性感染症予防という観点は明治時代からあった。たとえば、「公娼制度の最大の目的は、義務づけられた性病健診を娼妓に課すことによって衛生的で管理された女性を男性に供することであった」[*1]。この制度を廃止してしまうと「管理」ができなくなり、病気の蔓延を防げなくなるというわけである。

このような発想は「民族問題」でもあった。20世紀初頭の日本社会の情勢分析から嶽本が指摘するように、「民族衛生論」という発想である。つまり、「性病に罹患（りかん）した兵士が性病を家庭に持ち帰ることによって、将来の優秀なる国民を産むべき女性が『汚染される』といった考え方」があった[*2]。女性は優秀なる日本国民（男子はいずれは優秀なる兵士になるべきもの）を産むべきなのであり、そこに女性の自由はない。ま

＊1　嶽本新奈「優生思想と『純潔／純血』イデオロギー」『シモーヌ』VOL.7、現代書館、2022年、51頁。公娼制度は1954年まで存在していた。

＊2　同前書、54頁。

た、偏狭な民族主義的見方と優生思想が結びつくことで、「純血」が高い価値を帯び、排除と差別の論理として「性道徳」が機能していくことになる。その根っこには、個人よりも国家を優先する生き方を人々に強いる思想があった。そして、それは、戦後も引き継がれることになったといえる。

そもそも性に関する施策が、性感染症の予防という観点からのみ発想されていることの問題もある。ただし、病気の予防という観点を軽視したいのではない。のちにふれる包括的性教育も性感染症予防を主たる目的のひとつとしている。問題なのは、その「予防」をどういう観点から論じているか、である。

なお、いわゆる「性道徳」が男女双方に等しく求められたものでないことは、容易に想像がつくだろう。世間に蔓延する男尊女卑の考え方の下、あるいは家父長制的ともいえる価値枠組みの下、「純潔」を求められたのは、実態としては女性のほうである。また、この純潔教育は、売春にかかわっていた女性を「純潔ではない」と断じ、社会的課題としてではなく、個人の道徳性の問題として見ることを正当化していった。戦後の教育改革の重要な理念のひとつである男女平等はまったく根づくことはなく、今日に至ってもなお解決できていない。

2 性交なき「性教育元年」へ

１９７０年代に入るころから、「純潔教育」の価値枠組みははっきりと批判されるようになる。フェミニズム運動の第二波にあたる時期であり、また、国連が１９７５年を「国際女性年」としたことにもあらわれているように、固定的なジェンダー・イメージは社会的抑圧や格差、権利侵害、差別という問題として告発されることになる。こうして、性教育の課題は、「いろいろなしきたり、社会道徳で束縛されていた人間の性をどのような形で解放するか」ということになっていった。これまでの社会がいかにして性に基づく差別をつくり出してきたのか、それはいかにして解消できるのか、そういった「社会意識・歴史意識をつくり出していく」ことが課題となってきたともいえる。[*3] つまり、性教育を、社会的問題と同時に、個人の生き方の問題としてとらえようとするはっきりとした方向性が示されるようになってきた。

この背景には、高校生・大学生の性交経験者の増加や10代の女子の人工妊娠中絶の増加など、子どもたちの性意識や性行動の変化がある。[*4] １９８０年代後半になると、情報化の進展などによる「歪んだ性情報」の氾濫、売春や性暴力などが大きな社会問題となってくる。

では、文部省（当時）はこれにどう対応しようとしたのかといえば、「性非行」とし

＊3 村松博雄・徳江政子編著『これからの性教育』明治図書、１９７０年、２０１頁。

＊4 武田鉄矢主演のテレビドラマ「3年B組金八先生」第1シリーズは１９７９〜80年に放送され、「十五歳の母（その1〜4）」「十五歳の母出産（その1〜2）」として全23話中6話にわたって生徒の妊娠と出産が描かれ話題となった。

て生徒指導の対象としたのである。「非行」ととらえるまなざしは、性の問題を道徳の問題として設定している限り正当化されていく。その「非行」の背景に何があるのか、子どもたちの生き方と学校が良しとする道徳との間のズレなど、注目しなければならない点はいくつもあったはずである。しかし、性交を含めた性の問題から子どもたちを遠ざけることによって、あるいは、「性」を否定的なこととして位置づけることによって、問題を解決しようとしたといえる。

一方で、1989年の学習指導要領の改訂によって、理科や保健の内容として「人体の学習」や「身体の発育と心の発達」などといった項目で、いわば「性教育」が位置づけられていくことになる。80年代後半は、いわゆるエイズ・パニックが起こった時期である。性感染症への対策をきっかけに、性教育が盛んになっていく。この改訂に基づく教科書を使用した授業は小学校では1992年からであり、この年はマスコミなどにより「性教育元年」と呼ばれることもある。

しかしながら、各教科書の記述内容を分析した平林宏美は、どの教科書も「性交」についてはふれておらず、「受精」のみが記述され、子どもたちは「性交なき受精」を学ぶことになる、と指摘している。[*5] 道徳教育では、生命の尊さやその神秘性などが語られるが、いかにして精子と卵子が結合するのか、これは皮肉を込めてであるが、まさに神秘のままである。一見すると「科学的」な内容に見えて、肝心のところは隠されている。しかも、その部分こそ、思春期を迎える子どもたちにとっての悩みの中核

＊5　平林宏美「性教育の現状と課題（1）―性教育の変遷と現状―」『長野県短期大学紀要』第50号、1995年、194頁。また、「卵巣・子宮や精巣などの内性器の説明はあるが、ワギナ・ペニスなどの外性器についての説明は全く欠落させている」とも指摘している（同頁）。

をなすにもかかわらず。したがって、学校現場が心配する「性非行」への解決にはまったくつながらず、かえって卑俗な興味関心を誘発することになっていく。性感染症対策にならないことは、言うまでもない。感染症を止めるには発生源と感染経路を断つこととしながらも、性的接触とは何かが伝えられていなければ、具体的には「何が」重要なことなのかがまったくわからない。

3 「生命(いのち)の安全教育」の限界

性をめぐるさまざまな課題が現在に至ってもまったく解決されていないことは、2022年12月に12年ぶりに改訂された『生徒指導提要』を見てもすぐにわかる。その「性に関する課題」の部分では、「若年層のエイズ及び性感染症、人工妊娠中絶、性犯罪・性暴力、性の多様性など様々な課題」があるとし、「児童生徒が多様性を認め、自分と他人を尊重することが出来、安心して過ごせる環境や相談しやすい体制の整備」が求められている。[*6] つまり、1970年代以降の課題が、相変わらず解決すべき課題として掲げられているのである。

また、性犯罪や性暴力について具体的に伝えられない限り、いくら「性暴力が起きないようにするための考え方・態度を身につけることができるように」と書いても、実効性はないだろう。

＊6 文部科学省『生徒指導提要』255頁。今回の改訂では、「性的マイノリティ」に関する課題と対応が加えられている。なお、生徒指導提要とは、「小学校段階から高等学校段階までの生徒指導の理論・考え方や実際の指導方法等について、時代の変化に即して網羅的にまとめ、生徒指導の実践に際し教職員間や学校間で共通理解を図り、組織的・体系的な取組を進めることができるよう、生徒指導に関する学校・教職員向けの基本書」として作成されたものである。

　この改訂に先立つ2021年には、文部科学省と内閣府が連携して「生命（いのち）の安全教育」と称し、教材や指導の手引きなどが作成されている。教材についてはインターネット検索で簡単にアクセスできる。[*7]それを見ると、幼児期から、自分の身体の大切なところは見せたり、さわらせたりしてはいけないといった「プライベートゾーン」についての説明がある。これについては評価できるとの見解もある。しかし、たとえば、「水着で隠れるところは大切なところ」という伝え方の部分では、その映像自体が、女の子の絵ではワンピース型の水着で、男の子の絵ではパンツ姿で描かれている。この時点で、すでにジェンダー・バイアスから自由になっていない。顔も大切なのだとの注釈的説明も続くのだが、結局、身体への同意なき接触は性暴力になっていくのだということを知らせたいのだろう。そうだとすれば、「性的な」接触が何かを具体的に伝えなければならないのだが、その部分がどうしてもぼやけてしまっている。性暴力を解決したいのに、性交についての説明は避けているのだから、無理が生じる。これでは、子どもたちに大切な点はまったく伝わらない。[*8]また、SNSの使用についての具体的な注意点ばかりが目立ち、結局は、これまでと同様に性に関する「道徳的」な行動規制を訴えることになってしまっている。

＊7　文部科学省「生命（いのち）の安全教育」WEBサイト
https://www.mext.go.jp/a_menu/danjo/anzen/index2.html（最終閲覧日2024年5月30日）

＊8　ちなみに、他者との「距離感」といった表現も出てくるが、なかなか理解は難しいだろう。

4 「歯止め規定」の解釈問題

このように、性をめぐるさまざまな課題がわかっていながら、それがなかなか解決されていかないのは、学習指導要領におけるいわゆる「歯止め規定」（の解釈）に原因があるといえるだろう。このことは、ここ数年、ＳＮＳなどでも発信されることで世間にもその「規定」の存在が知られるようになってきている。

「歯止め規定」というのは、学習指導要領の中で「人の受精に至る過程は取り扱わないものとする」（小学校5年理科）、「妊娠の経過は取り扱わないものとする」（中学校1年保健体育）と記載されていることを指す。これが拡大解釈されていき、学校教育ではそもそも「性交」を扱ってはいけないのだ、という誤った認識が広がった。しかし、文部科学省は、各学校の判断で「歯止め規定」とされている内容についても扱うことは可能としている。[*9]

そもそも学習指導要領は教育内容についての大綱的基準（最低限の基準）であって、そこに書かれていること以外の内容を扱ってはならないということではない。[*10] しかし、なぜ、「性交」の部分だけは、学習指導要領によって「禁止」されているかのごとく、タブー視されていくのか。

朝日新聞は「性教育を問う」という連載記事（２０２３年11月〜２０２４年2月）

＊9 学習指導要領の総則の最初には、「各学校においては（中略）児童の心身の発達の段階や特性及び学校や地域の実態を十分考慮して、適切な教育課程を編成するものとすると書かれている。つまり、カリキュラムの編成は各学校の責任において、子どもや地域の実態などを考慮して決定するとされている。

＊10 たとえば、高等学校の学習指導要領には書かれていない分数の基礎的な計算や、反対に「発展的な学習」と称してより「高度な」内容を扱う場合もある。しかし、それを非難する論調はほとんどない。

で、この「歯止め規定」がつくられた経緯について、学習指導要領改訂（1998年）に携わった者へのインタビューを通して明らかにしている。それによれば、当時、授業時数の削減に伴い教育内容の「精選」が求められており、この「規定」は、内容の重複を避け、整理していく際の「区分け」としての留意事項に過ぎなかったとのこと。つまり、「歯止めをかけた覚えはない」というのである。カリキュラムの編成権は各学校にあるという原則を考えれば、当然だともいえる。

ただし、学習指導要領が教育内容の最低基準であり、また「歯止め規定」が実は重複を避けるための留意事項だったのだとしても、なぜ、「性交」を扱うことが不可欠だということにならなかったのか。先の「生命（いのち）の安全教育」では、自分の身体を「さわらせない」という防衛的観点が強調される一方で、それを決めるのは自分自身であるということは強調されていない。つまり、「同意」とはどういうことなのかなど、人間関係を人権の問題として考えていないからだろう。

5　七生養護学校事件に見る性教育バッシング

これまでの整理からわかることは、性教育にとって「具体的」であることがいかに重要であるか、ということだろう。これをしっかりと実践した例のひとつが「七生（ななお）養護学校（当時）」での「性教育」実践であった。それは、「知的障害児」にわかりやすいように、学校現場の工夫によって、性交のことも含めて、子どもたちの生活実態等に合わせた形での模型や人形を使った実践（「こころとからだの学習」）であった。この学校には小学部から高等部まで約１６０人が通っており、親元で育てられていなかったり、虐待を受けていたりといった理由で隣接する入所施設（七生福祉園）で暮らしている子どももいた。子どもたちの中には「障害があるために幼少期から差別やいじめにあった子などがいて（中略）気を引くためや寂しさを埋めるための手段として性的な行動を続けたり[*11]」、性的な関係をもっているときだけは相手が優しくしてくれるからといった理由で、子どもたちは性被害・性加害の当事者になっていたのである。[*12]また、第二次性徴による身体の変化で勃起に驚いた子が自分のペニスをハサミで切ろうとしたといったこともあったという。七生養護学校の子どもたちには、自分の身を守るために、性について具体的に、科学的に知っておく必要が絶対にあったのである。そして、これは、すべての子どもたちに権利として必要な教育内容である。しかし、これがバッシングを受けることになる。

　２００２年12月から翌年にかけての東京都議会で、いくつかの学校での性教育実践が問題であるとして取り上げられ、なかでも七生養護学校でのそれが激しく批判されることになった。２００３年７月、数名の議員らが学校を訪れ、教材として使われていた人形などを通常の使用方法とは異なる不自然な形で並べさせ、養護教諭らを非難、罵倒し、その後、不適切な性教育をしたとして教員と校長に厳重注意などの処分

＊11　包括的性教育推進法の制定をめざすネットワーク編／浅井春夫・日暮かをる監修『なぜ学校で性教育ができなくなったのか―七生養護学校事件と今』あけび書房、２０２３年、24頁。

＊12　２０２２年に池袋のラブホテルで起きた窃盗・傷害致死事件の犯人は、軽度の知的障害と注意欠如・多動症（ＡＤＨＤ）との診断を受けていた。知り合った男から金銭を要求され、暴力も受け、その障害の特性につけ込まれて、ほぼ毎日、売春をさせられていた。凶器となったカッターは、「体を売るのがつらいので持ち歩いていた」と本人が証言している。２０２４年２月、裁判員裁判で懲役６年が言い渡された。

が下された。絵本や教材の多くも都の教育委員会が没収した。その教材に関しては、「口にするのもはばかられるものだ」とか、「まるでアダルトショップのようだ」との批判が議会やマスコミで語られることになった。しかし、人が生きるということにとってきわめて大切であるものを「はばかられる」ようなものにしてしまったこれまでの教育のあり方こそが非難されなければならない。また、なぜそれをアダルトショップのようだと感じたのか、その感覚はどこで身につけられたのか、といったことこそ批判的に検討されなければならない。七生養護学校の元教員の日暮かをるは、次のように赴任当時の様子を振り返っている。[*13]

赴任当時は、意味を理解しないまま生徒が性行為をしたり、性的ないたずらが広がったりしていることが校内で問題となっていた。思春期になると、体や心に変化が訪れ、性衝動も生まれる。単に禁止するだけでは止められず、教員たちは悩んでいた。たどり着いたのが性をタブー視せずに教えることだった。

このように現場の悩みからつくりあげられたのが、小学部から高等部までの一貫したカリキュラムとしての「こころとからだの学習」であった。たとえば、歌詞に性器の名が入った「からだうた」を歌い、手づくりの人形を使用して身体のことを具体的に伝えていく。その結果として、性をめぐる悪ふざけはなくなり、他人への関心が高

＊13　２０２２年８月１日付毎日新聞「教育の森 逃げずに正面から向き合う」より。

まるなど、精神面での変化が見られたという。保護者からも高く評価されていた。障害者が性被害に遭いやすいことは知られていることであり、七生の実践は、子どもたちの人権を守るために必要不可欠なものだったのである。

しかし、この実践へのバッシングが七生ばかりでなく、他の学校現場全体に与えた影響は大きく、次章の対談の中で語られているように、以後、抗議を受けないように教員たちの教育活動は萎縮していった。[*14]

七生養護学校の「事件」は、その後裁判となり最高裁まで争われた（２０１３年に確定）。結論は、七生養護学校側の勝訴である。政治家の行為は「不当な支配」であるとされ、また、学習指導要領や発達段階に反していてふさわしくない内容であるという教育委員会による言い分は完全に否定された。２００３年3月までその職にあった校長への処分の取り消しを求めた裁判でも、校長側が勝訴している。しかし、事件から10年も経ってしまっていた。

6　性教育をめぐる新たな動き

性教育は、性に関する知識の教授や「問題行動」への対応だけを目的としているものではない。人間関係のあり方、自他の理解と尊重、それらを通して自己決定を基盤とした生き方を考えていく教育である。七生の「事件」から、私たちはこのことを学

＊14　２００９年3月の東京地裁の判決でも次のように述べられている。「性教育は、教授法に関する研究の歴史も浅く、創意工夫を重ねながら、実践実例が蓄積されて教授法が発展していくという面があり、教育内容の適否を短期間のうちに判定するのは、容易ではない。しかも、いったん、性教育の内容が不適切であるとして教員に対する制裁的取扱いがされれば、それらの教員を萎縮させ、創意工夫による教育実践の開発がされなくなり、性教育の発展が阻害されることにもなりかねない。」裁判を支援する全国連絡会の「こころとからだの学習」裁判を支援する全国連絡会のホームページより。https://www.kokokara.org/pdf/shoko/hanketsu_20090312.pdf（最終閲覧日２０２４年5月29日）

んだのではないか。裁判においても、七生の実践の大切さが確認されている。

いまでも「性交」を教えるとかえって被害が増えると主張する人がいる。[*15] しかし、それが事実ではないことはすでに証明されている。むしろ、どうしてそう考えるのかを知りたい。もし、この論法に従えば、たとえばドラッグの危険性を具体的に教えれば教えるほど、子どもたちはドラッグに走り、被害が増えるということになる。

2015年、文部科学省は、「性同一性障害に係る児童生徒に対するきめ細かな対応の実施等について」の中で「相談体制」の充実を謳っている。すでに2010年に、「児童生徒が抱える問題に対しての教育相談の徹底について」を発出した際にも、性同一性障害の児童生徒の心情等に十分配慮した対応を各学校に要請している。しかし、子どもたちはいったい何を「相談」すればよいのだろうか。性や性交をめぐる問題から遠ざけるような教育、それを忌避するような雰囲気、相変わらずの異性愛主義的文化、そんな中で自らの性の悩みを話せるだろうか。

2018年、それを象徴するような事件が起こった。東京都足立区の中学校（3年生）での「自らの性行動を考える」という授業実践（人権教育の一環）に対して、都議会（文教委員会）で「不適切だ」との指摘があったのである。これに対して都の教育委員会は、性交・避妊・人工妊娠中絶といった言葉を使用したことについて「課題があった」と答弁したのだが、これまで繰り返し述べてきたように、これらの言葉を抜きにして「性」をめぐる課題を伝えることは難しい。なお、七生養護学校事件の際

＊15　これはいわゆる「寝た子を起こすな」論による反論であり、人権教育が突破しなければならない大きな壁のひとつである。「教えなければ、そのうち問題は消えていく」というまったく根拠のない、むしろ差別とそれによる被害を温存させる発想である。これについては第6章でふれることにする。

の判例に従えば、議会でのこのような「批判」はすでに成り立たないことは明らかである。

また、避妊や人工妊娠中絶に関しては、学習指導要領上は、高校で扱う内容だといった理由で、この実践には「問題がある」との見方もある。

しかし、実際問題として「高校では遅い」のである。全員が高校に進学するわけではなく、また、中退も少なくない。その背景には貧困があり、それは若年層の望まない妊娠とも関連している。ちなみに、２０１８年の20歳未満の者の出生数は８７７８人、中絶数は１万３５８８件、中絶数を妊娠数（出生数と中絶数を加えた数）で割った値（中絶割合）は、約60％である。年齢が低いほどその割合は高く、15歳で82％、16歳で74％となっている。[*16]この数値を見れば、中学校までに何をしなければならないのかは明確なのではないか。

ところで、「七生」のときとは異なり、２０１８年のこのバッシングはＳＮＳなどで逆に批判を浴びることになる。若者たちを中心に、「性」についてもっと知りたい、知らなくてはならない、といった考えが一般化してきているのではないか。[*17]そうなったときに問われてくるのが、教員のもつ「性教育」についての認識である。次の章で、養護教諭として保健室でずっと子どもたちの悩みに向き合ってきた教員の話を聞いてみたい。

＊16 中絶数は、15歳で４７５件だが16歳になると１３５６件に急増、その後、17歳で２２１７件、18歳で３４３４件と増えていく。朝日新聞デジタル、医療サイト朝日新聞アピタル「中絶の実態『胎児に申し訳ない』受ける女性の思い」２０２０年５月20日の記事より。https://www.asahi.com/articles/ASN5G4TGNN5BUBQU001.html（最終閲覧日２０２４年５月６日）

＊17 このバッシング事件が逆に性教育ブームにつながっていったのではないかとの指摘については、堀川修平『「日本に性教育はなかった」と言う前に―ブームとバッシングのあいだで考える』（柏書房、２０２３年）でなされている。

第2章

なぜ日本の学校現場から性教育が消えてしまったのか

森 千秋（神奈川県養護教諭）×池田賢市

2022年7月2日（Readin' Writin' BOOK STOREにて）

学校は「男女の別」がかなり見えやすい形で強調される場所だと言われます。振り返ると、確かにそうだったなぁと思われる方も少なくないでしょう。思い出に浸るのもいいですが、そこに強烈な差別の根っこが隠されていたと言われると、どう感じるでしょうか。

そこで、神奈川県の公立小中学校の養護教諭として、中学校に8年間、小学校に30年間勤務、2024年現在、神奈川県の小学校で養護教諭をされている森千秋さんに、保健室の現場から見えてくる子どもたちの様子を手掛かりに、「性」をめぐってどんな問題が起きているのか、ご紹介いただきます。

【森】まず自己紹介を兼ねながら、その時々の社会状況などを背景に学校でどのような性教育を実践してきたかについてお話しします。

私が神奈川県の養護教諭として採用されたのは1986年です。その前年の1985年は、日本で最初のエイズ患者が認知されたり、女性差別撤廃条約が批准されたり、男女雇用機会均等法の制定（施行は1986年）などがあった年です。採用された年の7月、文部省（当時）により改訂された手引き『生徒指導における性に関する指導―中学校・高等学校編―』の冊子が届きました。その改訂内容は、前の手引きから「不純異性交遊」という言葉がなくなって、「特別に指導を要する性行動」という表記になったというものでした。

この手引きの主な内容は、生命尊重、性非行防止、性被害防止ですが、当時は性差別を温存したまま性のタブーを取り払った形だという批判[*1]がありました。作成委員のメンバーに純潔教育派で小学生に性交について語ってはいけないとか、哺乳動物の交尾は見せてはいけない、などというご意見をおもちの方たちが入っていました。けれどもそのときの私は大学出たてで、何が良くて何が悪いのかということさえも勉強不足でわからなくて、この改訂の問題性も見えていませんでした。

当時は、まだ校内暴力の余韻も残っていましたし、血の気の多い子は隣の学校の生徒と喧嘩したり、公園で救急車を呼ぶような喧嘩をしたりして、先生とぶつかるということもありました。隣が県立の高校だったんですけれども、下校時刻になるとそこの生徒たちをナンパする車が学校の周りに止まっていて、中学生にも声をかけるというような状況でもありました。

新任の私は子どもたちにバカにされていて、男子生徒は私に卑猥なことを言って試す。「コイツどこまで教えてくれるんだ」みたいな気持ちもあったと思うんです。一方で女の子は、本当に悩んで相談してくるのか、私を試しているのかわからないんですけれども、性にまつわることが保健室で話され、いろいろ質問してきました。けれども、私の手元にあるのは「性に関する指導」の手引きだけです。私はそれを一生懸命に読んで対応しようとするんですが、子どもたちは「話になんねえな」と思ったんでしょう。私もまだ若かったので、全然うまくいかずに、泣きながら「辞めて

＊1　山本直英『各種性教育探険論』（東山書房、1989年）では、「この手引きの総論は『人間尊重』と『男女平等の精神』に基づく正しい異性観をもち、望ましい行動をとれるようにすることだが、各論では1対1の男女交際のメリットは1つ、デメリットは6つ挙げられ、抑制と禁止の指導と読み取れる」と解説されている。

やる」と思っていたんです。そんなときに「もっと勉強したほうがいいよ」と、ポプラ社から出ている『女の子と男の子の本』[*2]という性教育の本を男性の保健体育科の先生が紹介してくれました。この本を見て、ああ、性教育をちゃんと学ばなければ子どもたちに向き合えないなと気づかされました。

1991年からは公立小学校に移りました。当時は性教育ブームでして、学校研究でも性教育をやっていました。ただ全国の学校を見ると、性教育の中身は2パターンあったと思います。「性に関する指導」の手引きにそった純潔教育的な研究をやっているところと、子どもたちが求めているものにそった形で答えていこうという性教育の2つです。恵まれたのは、私の赴任した学校は後者で、「子どもたちの求めているものにそって大人がしっかり答えていかなければ」というところでした。ですから、学校研究のテーマも、性の科学を学び、人権としての性を考え、自立と共生を目指す性教育というものでした。

当時はブームもあったのでしょう。NHK学園[*3]でも土曜日に性教育の講座があって、職場のみんなと一緒に土曜日の夕方、東京まで出ていって話を聞きました。そして月曜日になると、ああだった、こうだったと、職員室で自然に性教育について話していたように思います。ですから性交についても、大人がちゃんと子どもたちに語ろうと、低学年では命の始まりとして、高学年ではコミュニケーションの深まりであり自立した大人の営みとして扱っていました。

＊2　1984年、ポプラ社発行の『女の子と男の子の本』シリーズ全5巻。小形桜子・三井富美代・江崎泰子著。

＊3　1962年（昭和37年）10月に日本放送協会（NHK）によって設立された学校法人日本放送協会学園（当時）が誕生。放送を教育に利用する日本初の広域通信制高等学校。NHK高校講座の放送授業を利用して学習するシステムで、1975年からは生涯学習講座が開講していた。

このように職員の間でいろいろ話題にしていました。たとえば男女を分けることは無意識に男として女としての役割を身につけることになるんじゃないかということで、名簿も混合名簿にしましたし、呼称も男の子が「くん」で女の子が「さん」ではなくて、みんな「さん」のほうがいいんじゃない？　というような話もしました。一人称についても、「オレ」、「ぼく」、「わたし」と言うときの、発言する相手に対する自分の思いとか、ことばのもつ関係性というところに敏感になることも大事なんじゃないか、という話もしていました。

その小学校の子どもたちの多くは、経済的に恵まれた、両親共に高学歴という家庭で育っていました。その当時は、お父さんは社会の一員として外で仕事をし、お母さんは専業主婦で家庭の中で家事育児に専念するという家庭が多くて、そういう家庭の中で育っていると、子どもたちは無意識に性役割に応じているという話も、職員室ではしていました。母親がしっかりケアしてくれることは愛情表現を受けていることだという面を、当時は批判的に見る目もなかったんですね。

とはいえ、子どもたちにはやっぱり性役割の問題について、気づいてもらいたいなという思いもあって、ジェンダーのことについては、メディアリテラシーとして扱っていたように思います。

当時、じゃんけんで食器洗いを決めるという食器用洗剤のコマーシャルがありました。しかし、そのひとつを除いて他のすべてのコマーシャルで女性が食器洗いをしてたんですね。なので、そういうことはどうなんだろうということも、子どもたちに考えさせる教材として使っていました。

こうしたことがなぜ問題なんだろうか、ということに気づかせてくれたのは、田嶋陽子さんの『愛という名の支配』[*4]という本でした。それを職員の間で回し読みをして、「そうかそうか、やっぱりこういうことに気づいていかないといけないよね」、という話をしたのも思い出します。

1993年には従軍慰安婦問題の河野(こうの)談話があり、1995年にはアジア女性基金が設立されました。1994年にはカイロ国際人口・開発会議で、性に関する女性の自己決定権が話し合われました。そこで出てきた「リプロダクティブ・ヘルス／ライツ」という言葉、私には初めて聞く言葉だったんですけれども、自分の身体に関することを自分自身で決めることは権利なんだ、という意識をもったように思います。

1996～1999年の3年間は、また中学校に勤務することになりました。その中学校では、学校全体で性教育をやるという雰囲気はなかったのですが、中学校2年生を対象に、年に1回、外部講師を招いて「性感染症の予防について」の講話をしてもらっていました。その司会をしたときに、私も自分の言葉で、子どもたちに性について語りました。他には、宿泊行事の前に少し時間をもらって性の話をする程度でした。その中学校では、まだ男女別名簿を使用していましたし、進路のことがあったのか、とにかく混合名簿にすることに職員は戸惑っている感じでした。

＊4 『愛という名の支配』（太郎次郎社、1992年。2019年に新潮文庫から復刊）。新潮社のHPでは、「自らの体験を語り、この社会を覆い尽くしている〝構造としての女性差別〟を解き明かす。すべての女性に勇気と希望を与える先駆的名著」と紹介されている。

それから女子の体育着について問題が起こっていました。当時はブルマーというものを着用していましたが、ブルマーは盗難、売買、盗撮というような性的な対象になっていました。そこでハーフパンツに替えることになったんです。けれども、その話し合いの中で、ブルマーは競技をする上で適切な着衣であるという意見は根強くあって、これを変えるまでは、何回も何回も話し合いましたね。

転勤して2年目の1997年に、「女性学」のオープンカレッジに自主研修として通うことを認めていただきました。いまの状況からしたら難しいだろうと思います。そのころは、まだ土曜日も学校がありましたが、土曜日のオープンカレッジに研修で通えたんですね。緩やかな時代だったなと思います。

そこで学んだことを少しずつ職員にも伝えて、学校にあるジェンダー・バイアスについて考えてもらいました。たとえば、部活動の新入部員の勧誘ポスターに「かわいくて優しい女子マネージャー募集！」なんて書いてあったんです。直球で批判したら喧嘩になると思ったので、「これってセクハラですよ、変えたほうがいいんじゃないですか～」って軽い感じで言ったら、その男性顧問からは「うっせーなー」と言われました。けれども、少しずつ少しずつ私が学んだ女性学を職員室で伝えていたこともあったので、「うっせーなー」と言いながらも書き直してくれて、翌年からはその表記はなくなりました。

その当時の子どもとのエピソードなんですけれども、「頑張って勉強しても何になるの？　お父さんを見ていて幸せそうに思えない。頑張って大学に行って就職しても、ずーっと頑張って働かなきゃいけないんだよ」って、保健室でこぼしている子がいたのを覚えています。

これより少し前にコマーシャルで流れていたのが「24時間、戦エマスカ。」で、これがやはり男性の企業戦士の長時間労働を象徴していると思うんです。本当に家庭生活との両立を不可能にしていた時代だったんだと思います。

1999年男女共同参画社会基本法が施行されたときに、私は女性の社会参加と経済的な自立、そして女性が社会参加することでワークシェアリングされて男性も家庭に戻ってくるというか、お互いにゆったりとした生き方ができるんじゃないかなと思い描いていたんですけれど、残念ながらいまの状況を見ると、そういうふうにはなっていません。

2000年から、また小学校に勤務となり、学校全体で計画的に性教育を行う環境に戻りました。ふたたび、「いのちのはじまり」「からだをしろう」など性の科学について学ぶ授業や、「女らしさ、男らしさ、自分らしさ」というジェンダーについて考える授業に取り組むようになりました。このころのエピソードを紹介します。5年生は宿泊学習に行きますが、大きな荷物を全部母親に詰めてもらっていた男子がいました。「さあ、飯盒炊(はんごうすい)さんを始めるよ」となったときに、エプロンがない、軍手がないって、部屋で大泣きしていたんですよ。「全部、カバンの中の荷物を出して探そう」って

平成１４年度東京都教科用図書選定審議会で、学校教育法第１０７条
教科書（一般図書）として不適切となった図書

① 書名「せっくすのえほん」
発行　子どもの未来社
著者　みずのつきこ　やまもとなおひで

② 書名「おかあさんとみる性の本　ぼくのはなし」
発行　童心社
著者　山本直英　和歌山静子

③ 書名「あかちゃんはどこから」
発行　ポプラ社
著者　ローズマリー・ストーンズ作　ニック・シャラット絵

以上の三点は、いずれも妊娠の経過に関する箇所が高等学校で扱う内容であるため、
義務教育の段階の教科書として不適切とされたものである。

平成19年に教育委員会の教育指導課から神奈川県の各小学校長宛に出された通知文書。「下記の図書３点が学校図書館に置かれているか」という問い合わせに対して「学校図書館にはない」と回答したという内容である。これ以降、学校図書館からこの３冊は消えた

言いながら、私はそばでその状況を見ていたのですが、大人になったら出張先から妻に電話をして靴下はどこだ？　なんてことになるんじゃないかと、あとで職員の話題になったのを覚えています。

その後、２００５年に自民党の性教育バッシングチーム[*5]というのが構成されるんですけども、その少し前くらいから、学校の性教育がバッシングされ始めていたと思います。私の勤務する地域でも、週刊誌に取り上げられるというバッシングを受けて、熱心に取り組んでいた学校でも性教育ができない状況になりました。『ひとりで、ふたりで、みんなと』『せっくすのえほん』[*6]などがバッシングされた本なんですけれど

＊5　２００５年に結成された、「過激な性教育・ジェンダーフリー教育実態調査プロジェクトチーム」のこと。全国の教育委員会に対して性教育の実態調査が行われ、過激な性教育はなかったにもかかわらず、「性交や避妊指導は不必要」として学習指導要領や教科書からこれらの内容が消えた。

＊6　『ひとりで、ふたりで、みんなと—性ってなんだろう』山本直英他／東京書籍編集部編（東京書籍、１９９１年）『せっくすのえほん』みずのつきこ／やまもとなおひで監修（子どもの未来社、２００２年）

も、こういう本が使えなくなってしまって、学校はどんどん性教育に消極的になっていくという状況になりました。

2007(平成19)年の教育委員会からの通知文書(前ページ写真参照)があって、私はまだ手元に残しています。「学校図書館には置かない不適切図書3点を確認するように」という内容の通知文書です。それらは2002年東京都教科用図書選定審議会で、(学校教育法第107条教科書《一般図書》として)不適切となった図書だということで、いずれも妊娠の経過に関する箇所があって、高等学校で扱う内容であるため、義務教育の段階の教科書として不適切である、とされた図書です。その不適切であるという図書に『せっくすのえほん』もあります。学習指導要領では性交を扱うのは高校でとされているんですけれども、やはり生命誕生やエイズを学ぶときに、性交は避けて通れないことで、それまでは自主編成でやっていたんです。しかしやはり怖いですよね、たたかれるのは。そのため、やりづらくなり、次第にやらなくなってしまったというのが現状です。

そこからは、私も保健学習の中で扱える内容だけ扱うようになりました。4年生では第二次性徴、5年生では心の成長、6年生では感染症の予防というところで、いままでやってきた実践を少し盛り込んだ形で細々と性教育を続けてきました。

一方で、2003年、性同一性障害の性別の取り扱いの特例に関する法律が制定されて、学校における性同一性障害にかかわる児童生徒への支援についての関心も高まり始めました。文部科学省からは、「児童生徒が抱える問題に対しての教育相談の徹底について」という通知文（２０１０年）や、「性同一性障害に係る児童生徒に対するきめ細かな対応の実施等について」などの通知文（２０１５年）がきました。教員の人権研修会の中で、ＬＧＢＴＱについては当事者から話を聞く機会もあります。学校での性教育やジェンダーフリー教育はやりにくくなっていったんですけれども、多様性の尊重、あらゆる性をもつ人の人権を守るという、性教育やジェンダーフリー教育が大切にしてきたものは、社会からの要請があり、少しずつ学校の中で再生されてきているのかなと最近思います。

たとえば、「みんなのトイレ」が設置されるようになりました。ただし、これは学校からの要望ではなく、業者の方がそういうことに敏感になっていて、提案してくれたことで設置されるようになっています。他にも、ランドセルの色は20年前よりはずっと多様になりました。ただ、必ずしも子どもの意にそって選んでいるかというとあやしくて、大人が選んでいるかもしれないんですが。けれども、売る側は多様性をちゃんと感じ取っているのかなと思いますね。

直近の話では、学校で生理用品を（４・５・６年生に）無償配布することになりました。「＃生理の貧困」を受けて、勤務校でも今年度から無償で生理用品を置くようになったんです。それを置くにあたって、子どもたちに改めて話をしたんですけれども、女の子たちは生理用品について言いたいこと聞きたいことをあれこれもっていました。生理用品の話をしたら、そのあとわあーっと保健室に来て、「生理が始まる前にはおりものが多いから、おりものシートも欲しいんだよ」ということも言ってきました。性教育が盛んだったころは、生理用品を買うことなんかも親任せの子が多いなと感じていたんです。けれども、いまの子たちは自分で私のところに声を届けるんです。いい機会でしたので、子どもたちと一緒に話をしました。

性教育を学んだことで私は、養護教諭として子どもに向き合う姿勢、向き合い方が大きく変わっていったと思います。個人のからだ、健康の自由、私生活の自由を侵害しない、「標準」という単一化で健康を評価し子どもを序列化、選別化しない。性教育を学んだことで、そういうことに敏感になったなと思います。

人権として性を考え、自立と共生を目指すとき、それを拒むものは二分法であったり、普通幻想であったりすることも性教育を学ぶ中で理解してきました。最近、国会議員のセクハラ報道[*7]がありましたよね。ああいうのを

見ていて、改めて性教育の大切さを思いましたし、先日車を運転しながらラジオを聞いていたら、呼称について取り上げていたんです。呼び捨てがいいのか、「さん」がいいのか、「くん」がいいのか、と。多くの人が自分の思いだけで発言していて、ちょっと違うんじゃないって、私もモヤモヤしながら聞いていたんですけれど、視覚障害者のゲストの方が、「呼ばれる人がどう呼んでほしいかが大切なんじゃないでしょうかね」って発言をされて、スキッとしました。「くん」だとか、「さん」だとか、呼び捨てがいいとか、あだ名だとか、それぞれみんなそれがいいんだって勝手なことを言っていたんですけども、やっぱり呼ばれる相手がどう呼んでほしいかです。すごく納得しましたね。

援助交際とか、ＪＫビジネスとか、パパ活とか、ＤＶとか、そういう報道を見たり聞いたりするたびに、やはり対等な人間関係で、自他を尊重した上でのふれあいの性、性交を扱った授業ができなくなったことをすごく残念に思います。２０２３年から、「生命（いのち）の安全教育」がスタートするんです。１９８６年に、私が最初に出合った「性に関する指導」の手引きに似た矛盾を感じていますが、これって上手に使ってやったら、もう一回性教育ができるんじゃないかなとも考えています。『せっくすのえほん』を監修された故山本直英さんがよく仰っていたように、したたかに、しなやかに、そんな性教育をやっていきたいという期待を少しもっています。

最後に、保健室にある本をいくつか紹介して私の話を終わります（次ページ写真参照）。

＊7　細田博之衆議院議長（2022年5月当時）のセクハラ疑惑（『週刊文春』2022年5月26日号）があり、新日本婦人の会は抗議文を出した。https://www.shinfujin.gr.jp/14161/（最終閲覧日2024年5月28日）

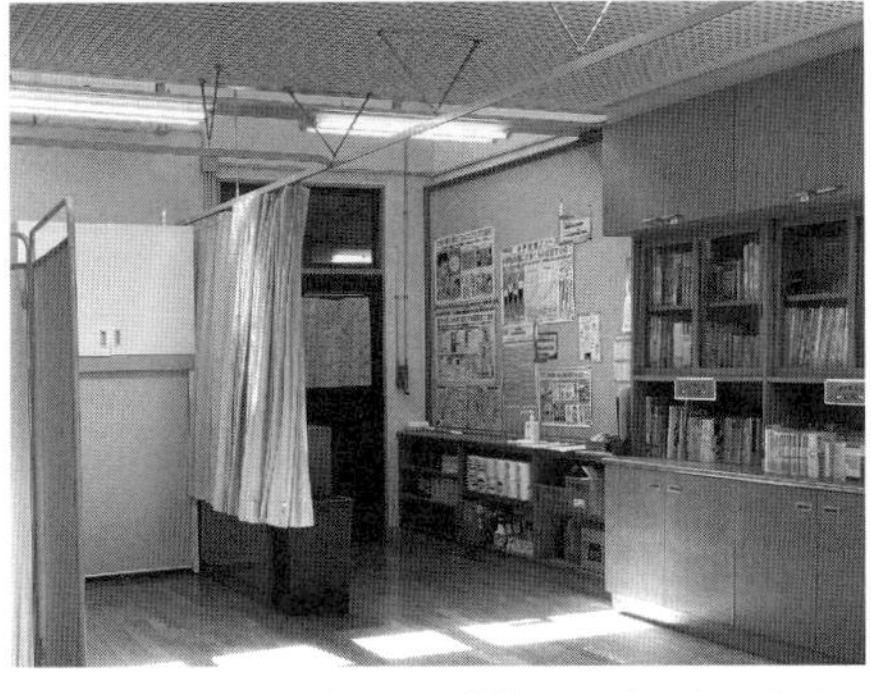
保健室の2つの本棚には、「性に関する本」が置かれている

子どもたちが大好きな本

●『おれたちロケット少年(ボーイズ)』(2003年、子どもの未来社)、『ポップコーン天使(エンジェル)』(2001年、子どもの未来社)

「2冊とも子どもたちが大好きな本です。男の子の『ロケット少年(ボーイズ)』と女の子の『ポップコーン天使(エンジェル)』ですが、本当に子どもたちがよく読んでいます。みんなが手に取れるように何冊もあるんですけれど、ボロボロです。子どもたちはやっぱり情報が欲しいんですよね。保健室にあると安心して読んでいいんだということで、気軽に手に取って読んでいる本です」(森)

●『いろいろな性、いろいろな生きかた』(全3巻)(2016年、ポプラ社)

「『いろいろな性ってなんだろう?』『だれもが楽しくすごせる学校』『ありのままでいられる社会』という3冊セットの本です。LGBTQに関する本で、これもやっぱり子どもたちは、興味をもってじっくりと、休み時間になると保健室に来て読んでいます」(森)

【池田】 混合名簿とか、日常での子どもたちの名前の呼び方とか含めて、すごく具体的な話が出ました。最後のほうに出てきた二分法とか普通幻想からジェンダー問題と教育を考えていったらいいのかなと、私も最終的にはそう思っています。

まず、ダイバーシティ、多様性という言葉が最近よく使われますが、ジェンダーとか性のことは、このダイバーシティという言葉でまとめて語られて、ここになんでもかんでも入っている感じがしています。中央大学でも、「ジェンダー、セクシュアリティに関するガイドブック」というものをつくって配っています。最初の部分を読んでみると、「ダイバーシティというと、これから新しく多様なメンバーを迎え入れる準備だと考える人もいるかもしれません。しかし、実際のところダイバーシティ推進とは、組織の構成員がすでに多様であるという認識から始まります」と。当たり前なんですけれども、性別とか性自認とか性的指向とか、さまざまな背景をもった人たちが集まって働いているんですよ、というところから丁寧に書いてあります。

今日のテーマでもある「ジェンダーと教育」のジェンダーですが、ポイントは、性差を社会的文化的に形成されたものととらえるところにあります。性差は生物学的に決まっていて、脳のつくりが違っているんだ、とよく言われます。けれども、大脳の組織が違うから、男性はこれに向いていて女性はこれに向いているなんて、おかしいですよね。それがジェンダーという概念を使うことで、「社会的に形成されている」ということがわかるようになりました。要は、人間をどう理解するかということにかかわってきます。

ジェンダーという言葉が世の中に出てきたのは、実は何十年も前のことです。最近ではLGBTという言い方も含めて、一般的にはジェンダーへの理解が進んできたかなと思いますが、実はあまり楽観もできません。

1990年、「府中青年の家」事件[*8]が起こりました。府中青年の家というのは社会教育施設ですが、この施設を利用していた「アカー（OCCUR）」という団体、訳すと「動くゲイとレズビアンの会」に対して、東京都の教育委員会が、この会の人たちのことを秩序を乱す恐れがある者だとして、宿泊利用を拒否しました。先ほどの森さんのお話でも出てきましたが、90年代には性教育ブームがありました。でもその一方で、こういう問題が起きていたわけです。「慰安婦」の問題についての河野談話があったり、アジア女性基金設立があったりと、90年代は、女性の自己決定も含めて性に関するさまざまな問題が語られるようになっていたにもかかわらず。

「男らしさ、女らしさ」については、ここにいる方全員が経験してきたことだと思います。学級委員長が男の子で、副委員長が女の子で、とか。そうでないと非常に違和感をもたれてしまう。こうして子どもの中に男か女かによって、自分がどういう役割をもった人間なのか、というような意識が形成されていくわけです。

先ほどの話に出てきた「かわいい女子のマネージャー」、あれはかなり問題だと思いますが、ある意味良かれと思ってやっているのかもしれない、あるいは無意識。そ

＊8　約3年間の法廷闘争の末、94年3月、アカー側の完全勝訴。その後、東京都が控訴したが、97年9月にアカー側勝訴の高裁判決が出た。詳細は第5章126頁を参照のこと。

れは最近、「マイクロアグレッション」と呼ばれています。たとえば、「障害があるのに頑張ってますね」という言い方。発言している本人はまったく無自覚で、攻撃どころか、むしろほめたり、励ましたりしているつもりでしょうが、ある一定の価値、というより偏見に基づいて、発言や行動をしているということなんです。

どこでそういう考えが伝わっていくか。「隠れたカリキュラム（ヒドゥンカリキュラム）」と言われるんですが、知らず知らずのうちに「これが普通だよね」とか、「これが価値あることだよね」ということが、学校を通して伝わっていきます。無自覚だけれど確実に伝わっていきます。ごく普通の生活の中に入り込んでいる価値観そのものに基づいた発言なものだから、どんどん学ばれていってしまうんです。

今日のテーマである「ジェンダーと教育」というときに、学校の中の隠れたカリキュラムって具体的になんだろうということを、森さんに聞きたいんです。教員の発言や価値観、職員室で話されていることの中に、とくに性に関する偏見に基づいた価値観があって、それが教室の中でどのように子どもたちに伝わっていくのか。

ここで問われているのが、なんでそもそも性に着目するんだろう、ということかなと思います。とにかく「性」で人を二分して分類する基準にするわけですが、何のために分類するのかというと、支配・被支配ということになっていくんじゃないか。つまり森さんの先ほどの話の中で、支配という言葉が出てきたかと思うんですけれども[*9]、やっぱり男による支配ということが一番典型的ですが、あらゆるものが分類され

＊9　田嶋陽子『愛という名の支配』について言及していた。

た上で、上下関係をつけて支配されていく、そういうことなんだろうと思います。

性別に一定の価値づけをして、それが差別を正当化する機能を果たしているのだとすれば、そして、その性別が、差別構造を維持するために利用されているとすれば、むしろ性別を問わないという姿勢も必要なのかどうか。ただ、「問わない」となると、逆に差別が温存されてしまう怖さがあるわけです。明らかに差別されている現実があるからです。どのようにして性が利用されてきたのか。この点に敏感になっておかないと、性別って道徳を伴うので、日常生活の中で知らないうちに差別が温存されてしまうのではないか。

さらに言えば、社会的に性差がつくられてきているということは、そこには絶対に政治的な意図が隠されているわけで、じゃあどういう政治的な意図なんだろうかと考えたときに、「家制度」を問わざるを得ないのではないか。理想的な家族像みたいなもの。それは政治的に何かを達成するための家族のイメージだと思うんです。これは、戸籍制度の問題と関連すると思っています。たとえば、道徳の教科書には「典型的」な家族が登場します。

家族のイメージや親子関係のイメージを教員がどう思っているのか。あるいは、教材にそれがどう反映されているのか。そんなことも森さんに伺いたいです。

理想的な家族像を子どもたちに押しつける違和感

【森】　理想的な家族のイメージについてですが、最近あった子どもたちのエピソードを紹介したいと思います。あるご家庭では、お母さんがちょっと遠くにお仕事に行っているのでしばらくいないんだ、って子どもたちが話をしていたんです。いまは、離婚したり再婚したり、シングルの家庭も多くなってきているので、子ども同士ではわりと普通に「うちのお父さんは、僕のお父さんだけどお姉ちゃんのお父さんじゃない」といったことを話しています。子どもたちの気持ちまでは推し量れなかったんですが、事情でお母さんが遠くに働きに行っているというお友だちに、「僕のとこもそうだよ」、「うちもそうだよ」、「そうなの？」って自然に対応しています。いま学校では家庭の状況がわからないようになっていますので、私たち教師は知らなかったんですけれど、子どもたちがそんな会話をしていて、それがとても特別なことっていうよりも、なんか普通に受け入れているのかなって。最近そんな出来事がありました。

【池田】　教科書に書かれていることを、この子はどのように受け止めるのか、そういう心配を感じたことはありますか？

【森】　性教育が本当に盛んだったときに感じたのは、メディアリテラシーという意味では、教科書はすごいメディアなんだということです。全国で使われているベストセラーなんです。国語の教科書でも、古い物語の読み物が多いので、やっぱりその中では日本の古い家族というんですかね、男性と女性の役割分業がしっかりとされているような物語も多かったです。当時の話を思い出すと、『モチモチの木』とかもそうですが、教科書ではその題材を批判的には取り扱わないので、女の子像、男の子像みたいなものは、押しつけられます。こういうことに対してもメディアリテラシーって必要なのかねっていう話は、その当時の職員室ではありました。[*10]

　当時、性教育がブームだったころは、性別役割分担の話はしたことがありますけれども、いまは職員同士で議論することもなくなりました。

【池田】性教育がしっかりとできていた時代は、いろんな教材をお互いにチェックし合うことが職員室でできていたってことなんですね。それがなくなったのが、２００５年のバッシングからですか。

【森】そうなんです。当時は職員全体でメディアリテラシーについて取り上げていました。教科書を見直すという点検作業を職員みんなでやったこともあります。そのころは充実していました。

【池田】そのときのことを少し教えてほしいのですが。それまではやれていたことが、急に変わるっていうのはどんな感じだったんですか。

【森】七生養護の問題[*11]で批判された「からだうた」は、歌いながら体の部位の名称を覚えようということで、全然おかしくないんです。私の場合、勤務地も偏向教育だと週

＊10　教科書については、参加者（元教師）から次のような発言があった。
「国語の教科書の物語教材の多くは、男の子が主人公でした。動物が出てきても男の子が主人公です。『スイミー』『力太郎』『モチモチの木』『海の命』……、みんな男の子が主人公で頑張るという話が多い。性教育が盛んに行われていた当時、教科書だけでなくて、世間の物語のほとんどは男の子が主人公だったから、教員組合の女性部会では、女の子を主人公にした話がもっと欲しいと話し合っていて、『アリーテ姫の冒険』（１９８９年、学陽書房）は紹介されていました。いまでもやっていると思いますが、図工の時間にお雛様や鯉のぼりをつくって飾ったりするのは、ヒドゥンカリキュラム（隠れたカリキュラム）で、教員もわからないうちにやっています」。

刊誌で報じられてしまい、本当に「性の問題」が扱いにくくなってしまいました。低学年の子どもたちは、自分がどうやって生まれてきたのかについて本当に自然に疑問に思うんです。その説明をするのに、『せっくすのえほん』はとてもわかりやすくできています。低学年のときは、子どもたちは全然いやらしいという気持ちはなくて、自分はどうやって生まれてきたんだろう、お母さんのお腹の中にどうやって入ったんだろう、って疑問をもちます。そこに応えるのが、この本だったと思うんです。これを読み聞かせると、子どもたちは「ああ、そうなんだ」って自然に受け止めていたと思います。けれども、こういうことは小学校では扱っちゃいけないということになりました。高学年でもう一回性交について学ぶというときには、やはり男女が対等な関係でコミュニケーションを深めるものとして性交を扱い、妊娠する可能性があることも含めて伝えることは大事だと思います。

けれども、教えていいのは最初の1個の細胞になったところからなんです。じゃあ、この細胞は一体どうやってできたんだろう、お母さんのお腹にあるけれど……、お父さんに似ている私はなんなんだ？　ということを子どもは本当に自然に疑問に思うんです。だからお父さんにも赤ちゃんのもとがあって、お母さんのお腹にそれを届ける。その届け方はこうなんだよってこの本で教えると、自然に子どもたちは受け止めているんです。逆に、これがダメっていう発想の大人たちには、いやらしいという発想があるんだと思います。子どもたちは純粋に、どうやって生まれてきたんだろ

＊11　詳細は、第1章33頁参照。この事件以降、「性教育をやったら七生のようになる」という萎縮効果を教員に植えつけた。

う、って知りたいだけなんです。

【池田】 この本では、花から生まれたとか、鳥が運んできたとかいろんなパターンを紹介しています。ゴミ箱からというのもありますが、これはどうなんだろう（笑）。「ゴミ箱に落ちていたの？　そんなバカな」って書いてあります。この図書がダメなんですよね。名指しでダメ、不適切なんですね。

【森】 図書室に置いてもいけない。でも、保健室には置いておくんです。最近も6年生の女の子たちが「うん、なるほどね」なんて、休み時間に来て読んでいました。

【池田】 通知がくるんですか、この本はダメだって。

【森】 そうなんです。学校全体に。

【池田】 学校全体にきて、図書館に置いてはいけないんだけれど、保健室はＯＫなんですね。

【森】 はい（笑）。

【池田】 これは保健の先生の思い次第で置けちゃうんですね。

【森】 ……。

【池田】 言える範囲で（笑）。

【森】 残している学校はあると思います。私はこの本は大事な本なので、保健室の書棚に置いています。子どもたちが「読んでいい？」って聞いてきたら、「いいよ」って。だって、本屋さんでは売っている本ですよ。本屋さんに置いておける児童書を、なんで子どもが手に取って読んではいけないのかなって感じはあるんです。

ジェンダー・バッシングが学校に与えた影響

【池田】ジェンダー・バッシングは性教育だけでなく、女性学そのものにも起きて、学校の中で、男の子らしさ、女の子らしさとか、性別役割分担が一気に上から押しつけられるようになったという印象があります。学校の中では、女性学ではなく、あくまでも性教育の禁止という形でバッシングが起きたのですか？

【森】そうですね。

【池田】家制度の問題とか性教育とか、職員室で指摘し合ったのも、2005年までですか？

【森】はい。それまでは職員全員に、「性教育に取り組む」という思いがあったので、職場の中で会話があったというのもあります。

【池田】性教育をやっていく中で、性別役割分担などの問題も話し合われてきたのですね。

【森】そうです。性教育を、身体の科学についてだけでなくジェンダーの問題なども含んで、多面的にトータルで考えて取り組んでいました。年間計画があって、「身体」と「生きる」の2つの柱で計画を立てました。1年生から6年生までで年間計画を立

て て、「生きる」の中に「家族」という項目があるので、ここで教えられるねと話し合っていました。

【池田】それは、この部分はこの教科でというように、各教科で検討していくイメージですか?

【森】はい、1年生だと学級活動と生活科で、というイメージです。たとえば1年生だと「体っていいな」というところで身体の各名称、外性器についても名称を教えていましたし、「いきる」というところで生まれたときのことを、「いのちのはじまり」というところで『せっくすのえほん』などを教材にして授業しました。「家族ってなあに」というところで家族の多様性についてもふれています。

【池田】すごい、1年生でそこまでいくわけですね。

【森】たとえば、図工で「家族と一緒」という絵を描くテーマがあったときに、「家族っていろんな家族があるんだよ」ということも教えます。私は教えていないのではっきりしたことは言えませんが、図工の授業の中で、「私の家族」とか、「家族と自分」とか、家族の多様性を取り上げていました。

【池田】2005年までは、本当にいろいろやれていたんだなってわかりますね。

【森】はい。職員全体で取り組んでいました。たとえば鍵盤ハーモニカ、いまはいくつかの色から選択できるようになっていますが、以前は男の子が水色で女の子はピンク色と決まっていて選択ではなかったんです。そんな身近なものにも気を遣ったりしました。職員全体でやっていると、いろいろな人からいろいろな意見が出てくるので、そうかそうかと気づくことも多かったと思うんです。けれども、いまは職員室の中でそういうことは話題にならないので……。

【池田】なるほど……。性教育という枠ではないけれど、いま、ダイバーシティとか、多様性というのは文科省も言っているわけです。ＬＧＢＴという言葉は世間的には普通になってきていますが、それでもやはり学校の中だと性教育を扱うのは難しいということなんですね。いまの時代の性教育のあり方って何でしょうか？

【森】学習指導要領ありきなんです。その縛りがあるからそれを超えることに関しては、やっぱり難しいかな……という感じはありますね。自粛しちゃうんですかね。

【池田】性教育をやるとなると、学習指導要領のこの部分に関連している実践なんですと説明しなければいけないということなんですね。

【森】はい、管理職に対して説明が必要です。そうでないと「逸脱しているんじゃないか」という指摘を受けてしまうので。説明ができないと、実際行うのは難しいということなんです。

【池田】担任の先生が保健室に来て、「こんなことをやってみたいんだけれど」というような相談を受けることはありますか。

【森】たとえば、ＬＧＢＴＱについては人権の研修会が行われているので、それはやっていいんです。後押しがあるからです。自分がその研修会に参加したら、そのテーマはできます。管理職も批判はしないと思います。

6年生の保健の教科書に病気の予防という8時間の授業があって、感染症から成人病予防まで学びます。その中にほんの少しエイズのことがふれてあるんですが、なんで感染するのかというのは、教科書では全然わからない内容になっています。けれども、そのところをもう少し詳しくやろうかなとか、しっかり教えようかなというのは、多分一歩踏み出せない。いまは無難に指導書にそってやる人が多い気はします。以前の性教育が盛んだったころでしたら、自主編成でどうやって感染していくのかというところをきちっと伝えていたのではないでしょうか。

【池田】そういう学校の態度がある一方で、『せっくすのえほん』を読みに来るという子どもたちの行動があります。子どもたちの思いや知りたいことと、学校がやっていることがズレてしまっているって感じですね。

【森】そうですね。

【池田】どの辺が一番ズレていますか。

【森】エイズは性感染症であることを教えることなく、普通の生活では感染しないから怖がる必要はない、患者・感染者の人権を守ろう、差別はいけないと教えることになっています。小学校では性交は扱わないことになっているので、それでいいということになるんです。でも、子どもにはどういう生活をしたら感染するの？　という疑問が残ってしまうと思うのですが、話題にならない……話題にできない……（苦笑）。

教育課程も変わって、時間の余裕がないので、学習指導要領に基づかない、余分なことをやるっていうのが難しくなっているということもあるんだと思います。

【池田】人権については教育委員会もやれやれって言っていて、現場でも実際にいろいろと取り組まれているはずなんですが、それが他の問題、たとえばジェンダー問題とか性の問題と結びつかないんです。バラバラになっている。意図的につなげないのか。あるいは、発想がつながらないのか。

【森】授業の中では、最初は1個の細胞からという受精卵の話をするときに、この受精卵が男の子になるのか、女の子になるのか、その時点である程度方向性は決まっているけれども、お腹の中でホルモンの影響を受けて分かれていく。最初の1個の細胞のときには、みんな同じ細胞で、体はひとつだったから、ここにもグラデーションがあるよっていう話はします。生まれてきたときにペニスの長さがだいたい2センチあると男の子って戸籍には書かれるんだけど、それだってはっきりはしてないよねって。いろいろな形があるんじゃないかなって話は、子どもたちにはします。

【池田】こういう話をすると子どもたちはどういう反応をしますか?

【森】へぇ〜…って感じです。この話ができるのは4年生の第二次性徴のところで、私はそこで話をしています。上手にカリキュラムを使っていくと、少し踏み込んだ話ができるかなっていう感じなんです。

【池田】そういう生物学的違いがいろいろ利用されているんだと思うんです。なんらかの科学的に説明できるような違いがあったとして、どうしてそれが差別や支配を正当化するものになっていくのか、これはきわめて社会的な構築物です。「違い」への意味づけの問題。まさに差別構造を組み立てている側が、利用しているんだと思うんです。

たとえば、文系理系っていう、そんなところからも男女ってなぜか分かれています。文系って男女いるのに、理系はなぜか男が多い。でも、文系と言われる経済学部も男性が多いですね。私は文学部所属なんですけど、いまは文学部は男女半々、女性が若干多いかな？　本来、学問は性別とはまったく関係ないはずなんですけれど[*12]、そういう傾向は明らかにありますよね。

日銀が金融リテラシーの調査をしたら、男性のほうが女性よりも高いらしいんです。男女の二元論が好きな人たちにとっては、「金融は男性に向いている」となってしまうんだけれど、差別や偏見の結果そうなっているとなぜ考えないのでしょうか。男女の差で見るとそう見えるけど、他の軸を入れれば、違うんですよね、きっと。男女を分けて統計をとろうとしている時点で、一定のバイアスが入ってしまっているのではないか。統計結果から男女差別が明らかになる面はあるのですが、同時に、そもそもなぜ回答者の性別を知る必要があるのかも問題にしていいと思います。

ずいぶん前に『教科書の中の男女差別』[*13]という本が出ていました。算数の教科書の文章題で、女の子はたいがいお金を貯蓄していて、男の子はお小遣いをすぐ使ってし

＊12　そもそもこれまでの学問自体が「男性」によるものであったという批判的検討も重要となる。

＊13　伊東良德・大脇雅子・紙子達子・吉岡睦子『教科書の中の男女差別』（明石書店、１９９１年）

まう、とか。女の子が浪費家として描かれることはないんです。

【森】性教育が盛んなころには、辞書の例文で差別的な表現があるということも言われていました。実際、ある辞書の例文に、こんなものがありました。

Look at his grade for math, and you can imagine what his other grades are.

彼の数学の成績を見れば、他は推して知るべしだ。

なぜ「彼」なんですかね？

【池田】フランスの移民問題を扱った映画でも、フランス語を勉強する例文の主語が、いつもフランス人のネイティブの名前で、我々移民の名前が出てきたことがないじゃないか、って。そのこと自体がすでに刷り込みなんだって。そういう場面をちょっと思い出しました。そんなところにも出ちゃうんですね、ついつい。

【森】だからそういった授業をしている人もいましたね。物語をつくり変えてみようって。ただ、そのときに男の子と女の子の役割を入れ替えただけだったら意味がない。物語を本当に男女平等というか、ジェンダーフリーの視点でつくり変えるっていう作業をしてみると、その問題がよく見えるという授業をしている方が。

【池田】どういうレベルでやっていくかっていうことですよね。男女別名簿のときに、男ばっかり先だから、じゃあ女を先にすればいいのかっていう人もいましたが、そういう問題ではないんです。そういう問題じゃないということが伝わるレベルまで行ってくれればいいんですが、それさえも抵抗する人がいる。分けていること自体が変だ、ということをうまく伝えられるかどうか。

いまだに国会議員から差別的な発言[*14]が出るのも、大きな問題です。性同一性障害という表現にしても、「障害」って言いますからね、日本は。私たちも気づいていないところを少しずつ解きほぐしていく必要があります。

森さんの話から性教育実践の具体的な課題がわかってきました。それを克服していくための指針として、子どもたちの具体の姿が注目されなくてはならないこともわかってきたので、あとは、どう実践をつくっていくかですね。本日は、ありがとうございました。

＊14 自民党の議員が参加した2022年6月13日に開かれた「神道政治連盟国会議員懇談会」で、「同性愛は先天的なものではなく後天的な精神の障害、または依存症」などと差別的な内容が記された冊子が配られた。

第3章

包括的性教育の特徴

1　性教育からセクシュアリティ教育へ

前章で明らかにされたように、いわゆる「歯止め規定」、そしてバッシングが、いかに日本の性教育をゆがめているかがわかった。性感染症、性被害などから自らの身を守るすべを知ることは、生きていく上で欠かせない。産婦人科医の高橋幸子は、友人から女子少年院にいる少女の多くが性感染症にかかった経験があると聞き、外部講師として小・中・高校での性教育に取り組むようになったという。なぜなら、学校でしっかりと性について教えられていないことに気づいたからである。[*1]

ところが、学習指導要領では、性感染症や性暴力、性被害のことを課題としながらも、なぜか「性交」については説明しないことになっている。これでは、どのように感染症を防ぐのか、暴力や被害とはどのような行為によるものなのかがまったくわからない。受精卵についての教科書の記述に関しても、精子がどのようにして届けられるのか、性器や性交に関する正しい科学的な知識なくして理解できるはずがない。したがって、子どもたちは、思い込みや俗説、インターネットによる不正確な情報に左右され、自らの命を危険にさらすことにもなる。

本章では、5歳から性教育を始め、性交についても9～12歳の間の学習目標に据えるなど、これまでの日本の性教育のあり方とは正反対の特徴をもつ「包括的性教育

＊1　2022年9月19日付毎日新聞「包み隠さず、生徒目線で」より。

（Comprehensive Sexuality Education）」について、その概要を確認したい。これは、日本でのこれまでの性教育でイメージするような身体の変化とか、生殖機能といったテーマを扱うものとはかなり異なる。

２００９年に、国連教育科学文化機関・ユネスコ（ＵＮＥＳＣＯ）、国連合同エイズ計画（ＵＮＡＩＤＳ）、国連人口基金（ＵＮＦＰＡ）、国連児童基金・ユニセフ（ＵＮＩＣＥＦ）、世界保健機関（ＷＨＯ）が共同で「国際セクシュアリティ教育ガイダンス」（以下「ガイダンス」と略記。２０１８年には、国連女性機関〈UN Women〉を加えて、改訂）を発表した。この「ガイダンス」は、「性教育」についての新たなとらえ方とその具体的実践のあり方を提示し、「教育や健康などにかかわる政策立案者が、学校内外における包括的セクシュアリティ教育のプログラムや教材を開発し実践することを手助けするために作成された」ものである。[*2]

これまでセックス（sex）という言葉で「性教育」がイメージされ、とくに日本では身体に関する医学的あるいは解剖学的ともいえるような知識の個別的提示がなされてきた。さらには、「性」への道徳的で抑制的な教育（「遠ざける教育」）がここに加わり、すでに見てきたように、いわゆる「歯止め規定」が正当化されてきたといえる。

しかし、「ガイダンス」は、セクシュアリティ（sexuality）という言葉を使用することで、人間関係全体を問題の射程に入れている。セクシュアリティとは、「人間のライフサイクルを通して、その人の人格的な基本要素といえるものであり、身体的、心

＊２　ユネスコ編／浅井春夫他訳『国際セクシュアリティ教育ガイダンス【改訂版】』明石書店、２０２０年、21頁。

理的、精神的、社会的、経済的、政治的、文化的な側面」をもっている。[*3] まさに、「包括的」に問題を把握しようとする概念である。それゆえに「性の多様性」等にみられる「人権」概念に自然とつながっていく。包括的性教育は、子どもや若者たちの健康、幸福（ウェルビーイング）、尊厳の実現、それを基盤とした社会的・性的関係を育て、自らの選択が自他の幸福にどのような影響を与えるかを考えていくことのために必要な知識やスキル、態度や価値観を身につけることを目指している。[*4]

2 ガイダンスの概要

「ガイダンス」は全体で7章から成っている。その中でも、第5章の「キーコンセプト、トピック、学習目標」の部分が、実際の性教育実践にとって重要な指針と内容を提示している。

キーコンセプトは、次のように8つ提示されている。

1. 人間関係
2. 価値観、人権、文化、セクシュアリティ
3. ジェンダーの理解
4. 暴力と安全確保

＊3 浅井春夫『包括的性教育—人権、性の多様性、ジェンダー平等を柱に』大月書店、２０２０年、23頁。

＊4 ユネスコ編／浅井春夫他訳、前掲書、28頁。このように権利としての性教育という点に関しては、第5章・第6章で議論していきたい。

5．健康とウェルビーイング（幸福）のためのスキル
6．人間のからだと発達
7．セクシュアリティと性的行動
8．性と生殖に関する健康

そして、それぞれの中にトピックがいくつか設定されている。たとえば、キーコンセプト1の「人間関係」には4つのトピックが設定されており、その最初のトピックは「家族」となっている。そこで学習者に期待されていることは、家族のさまざまな形を説明すること（知識）やそれらを尊重すること（態度）、そしてその尊重する方法を実際にやってみること（スキル）などである。かつ、それらが4つに分けられた年齢グループ（5～8歳、9～12歳、12～15歳、15～18歳以上）ごとに学習目標として細かく列挙されている。その際、それぞれの学習目標には「キーアイデア」が提示されている。たとえば、「家族」の最初の段階である5～8歳の学習目標には「世界にはさまざまな家族の形がある」というキーアイデアが書かれており、それについて学んでいくことになる。このような「家族」をめぐる学習内容は、4つの年齢グループそれぞれの中で繰り返されながら少しずつ積み上げられ、複合的になっていく。いわばスパイラル型のカリキュラムである。

なお、学習目標は、知識・態度・スキルの構築を基盤として構成されている。ただ

し、これは「知識」の習得がなされた後に「態度」、そして「スキル」の学習に進むというわけではない。互いに補い合うプロセスとしてイメージされている。

このようなカリキュラムの構造に従って包括的性教育は実践されていくことになるのだが、これはかなり複雑な構造である。相互の関連性をしっかりと把握しながらでなければ、なかなか「包括的に」進めていくことは難しい。かつ、具体的にどのように教材開発を行っていくかが大きな課題となる。たとえば、小学5年生を担当している教員がキーコンセプト4の「暴力と安全確保」に着目したとすると、次にその中のトピック「同意、プライバシー、からだの保全」を、子どもたちの年齢に合致する「学習目標9〜12歳」にそって、さらにその中の「望まない性的な扱われ方を明らかにする」学習をどのように組み立てていくか、といった具合に考えていくことになる。[*5]

もちろん、「ガイダンス」はあくまでも指針であり、子どもたちの実態に応じて実践される必要がある。そのため、提示されている年齢グループでの学習内容に縛られる必要はなく、適宜、早めたり遅らせたりしてもよいことになっている。なお、各国の教育実践への強制力をもっているわけではないが、世界共通で扱われることが大切なことだとされている。

このようなしっかりとしたカリキュラムに基づく「性教育」への取り組みは、これまで日本では、一部の意識的実践を除いては、実施されてこなかったといえる。現実問題として、いま紹介してきたような多岐にわたる内容を授業としてすべて実施して

＊5　キーコンセプトが8、トピックが全部で27、その27のトピックそれぞれが4つの年齢グループでの学習目標をもつという構造になっている。つまり、長期スパンの計画的なカリキュラムの構築が求められている。

いけるかと問われれば、意義と必要性は理解したとしても、多忙化といわれる中、多くの教員は「きわめて難しい」と否定的な見方をするだろう。

しかし、まったく実施不可能だとしてしまうわけにはいかない。第1章の後半で述べたように、また第2章の実践報告で語られていたように、現在、性をめぐるさまざまな問題の解決にとって、性教育の「包括的」なとらえ方は不可欠である。そうであるなら、自分の前にいる子どもたちには何が必要なのか、キーコンセプトやトピックをガイド役とした自覚的な実践が求められてくる。

実際、「ガイダンス」では、包括的性教育によって次のような結果が確認されたとしている。つまり、初めての性交年齢の遅延や性交頻度の減少、性的パートナー数の減少、リスクの高い行為の減少、コンドームをはじめとした避妊具の使用の増加である。セクシュアリティに着目した性教育は、「性的行動やリスクの高い性的行動、性感染症やＨＩＶの罹患率を上昇させないということを証明」しているのである。[＊6]「性交」を教えると、その行為への興味関心を掻き立ててしまい、かえって性加害・被害が増えるという議論がまったく根拠のないものであることがわかる。また、学校の中だけではなく、家庭も含めて学校外のさまざまな機関等との連携も欠かせない。そういう意味でも「包括的」である必要がある。

＊6　ユネスコ編／浅井春夫他訳、前掲書、57頁。

3 カリキュラムのつくり方

では、どのようにして具体的に効果的なカリキュラムをつくっていけばよいのか。「ガイダンス」では、この点についていくつもの指摘を行っている。包括的性教育とこれまでの日本での性教育との大きな違いのひとつは、このカリキュラムのつくり方にある。日本の場合は、「テーマ主義」によるカリキュラムだと言われる。つまり、生命の誕生、受精、月経、射精、避妊、感染症予防といったような個別テーマを学年に応じて配列していくことを基本としている。一方、包括的性教育でのカリキュラムは「課題主義」と言われ、「子どもや社会の現実に即して、何をどのように授業で取り上げるかを子どもの発達要求やニーズと現場実践者・保護者の要望を踏まえ」て実践を進めようとしている。[*7] したがって、包括的性教育においては、さまざまな学問分野の専門家をはじめ、家族や地域の人々をも巻き込む形でカリキュラム開発を進めることが前提となる。これは「包括的」であることを目指している限り、必然的な要件になってくる。いろいろな人々の協力関係の下での教育実践がイメージされなくてはならない。

しかし、ここでとくに重視したいのは、価値観の醸成と一定のスキルの獲得という点についてである。

＊7 浅井春夫、前掲書、66頁。

包括的性教育は、人間関係のあり方を問題としていくのだから、その「関係」の平等性に基づく実践でなくてはならない。日本の学校では、いまだにジェンダーの不平等な扱いを正当化するような価値が語られていることを考えれば、まずは、このような価値のあり方が批判的に思考されていくようなカリキュラムが必要となる。これは、「人権やジェンダー平等および多様性の尊重を含むポジティブな価値観の発達」に焦点を当てるということになっていく。[*8] たとえば、「ガイダンス」の作成にかかわった国連合同エイズ計画（ＵＮＡＩＤＳ）は、「２０２５年エイズターゲット」において「ジェンダーに基づく暴力は、女性と少女がＨＩＶ感染から身を守ることを困難にするジェンダーの不平等を表すものの一つ」であり、このことが家事や家族の世話のジェンダー間での分担の不平等を固定化し「女性と少女の教育と雇用の機会を制限する結果を招いている」と分析している。[*9]

セクシュアリティという言葉で「性」をとらえるということは、人々の間の平等な関係の構築を求めるものだとすでに述べたが、とくに性的関係においては、「同意」についての教育が不可欠である。これは、「リスクを見極め、望まない性的行為につながる可能性がある状況から自分を守るために」絶対に必要なものである。[*10]「同意」は、「キーコンセプト4」で扱われることになっている。5～8歳では、プライベートな部分はどこであるか、自分が不快だと感じるさわられ方をしたときにはどうするかなど、「からだの権利」を学ぶ。9～12歳では「望まない性的な扱われ方に対抗するた

＊8　ユネスコ編／浅井春夫他訳、前掲書、１８２頁。

＊9　エイズ予防情報ネット（API-Net）のサイトより。https://api-net.jfap.or.jp/status/world/pdf/2025_AIDS-target-jp.pdf（最終閲覧日２０２４年5月30日）

＊10　ユネスコ編／浅井春夫他訳、前掲書、１８３頁。

めに、アサーティブ（相手も尊重した自己主張）に伝える」というスキルを学ぶ。そして、12〜15歳の学習目標では、「同意」が「性的意思決定に密接にかかわる」ことを知り、同意する・しないを表現するスキルを学ぶことになる。[*11]

効果的なカリキュラムを考えていくときには、「価値観」の問い直しとともに「スキル」の育成という観点も必要になってくる。具体的には、性感染症のこと、そしてコンドームや現代的避妊法についての科学的で正確な知識・情報へのアクセスが権利としてしっかりと保障されることが欠かせない。同時に、たとえば、「コンドームを入手し持ち運ぶことの難しさ、パートナーにコンドームの使用を依頼する際の困惑の可能性、実際にコンドームを使用する際の難しさなどの障壁を克服する方法について話し合う機会を提供する」ようなカリキュラムである必要がある。[*12]

このように「ガイダンス」の内容を確認してくると、包括的性教育を実践する教室場面では、「対話」を重視した授業になるだろうということが予測できる。性に関することは、個人の非常にセンシティブでプライベートな部分を扱うことになる。だからこそ、それらを「内に秘めておく」のではなく、幼いときからしっかりと自覚できるように、関心や疑問を話せるような、安心できる信頼関係をつくっていくことが求められる。

また、科学的な知識を基盤とすることは不可欠ではあるが、問題は、それがどのような価値観の中で理解されていくのか、また、実際にどのような行動として実現され

＊11 ただ、この「同意」という言葉が、実際の具体的な文脈の中でどのように使用されているのかについては、関係性の問題もあり、慎重な議論が必要となるだろう。「同意」をめぐる哲学的論考としては、ジュヌヴィエーヴ・フレス（石田久仁子訳）の『同意―女性解放の思想の系譜をたどって』（明石書店、2022年）がある。

＊12 ユネスコ編／浅井春夫他訳、前掲書、187頁。

ていくのか、である。この点に強い関心をもつところに包括的性教育の特徴がある。したがって、子どもたちの生活の場全体において包括的性教育の実現が必要となる。地域や家庭の文化的な状況（慣習など）も問題になっていくだろう。

4　家庭・地域社会を巻き込む

包括的性教育では、セクシュアリティは人間存在にとっての中核に位置づけられる。包括的性教育を進めているアメリカ性情報・性教育評議会（ＳＩＥＣＵＳ／Sexuality Information and Education Council of the United States）は、セクシュアリティについての教育を「アイデンティティ、人間関係、親密性といった重要な問題について、情報を獲得し、態度、信念、価値観を形成する生涯にわたるプロセスである」としている。[*13] つまり、かなり幅の広い概念としてセクシュアリティがとらえられていることがわかる。

包括的性教育は、すでに述べたように、人々の健康と幸福（ウェルビーイング）の実現を重要課題としている。したがって、性についての生物学的・生理学的な側面だけではなく、社会、政治、文化等、生活のあらゆる面での人間関係のあり方を問うことになる。[*14]「自分らしく生きる」ことをいかに保障できるか、包括的性教育は、そのことに関心を向ける。堀川修平は、包括的性教育を「生まれてから亡くなるまでの一生

＊13　SIECUS, Guidelines for Comprehensive Sexuality Education:Kindergarten through 12th Grade, 3rd Edition, 2004, p.13 https://healtheducationresources.unesco.org/sites/default/files/resources/bie_guidelines_siecus.pdf（最終閲覧日２０２４年５月５日）

＊14　この観点から、社会教育としての性教育という発想が必要になる。ただし、本書の議論は、この点を意識しつつも、学校教育における性教育に焦点を当てていく。なお、社会教育における議論の展開などについては、たとえば、冨永貴公「男女共同参画関連施設におけるセクシュアル・マイノリティに関わる事業の展開」（『都留文科大学研究紀要』第87集、２０１８年３月、１１５〜１２８頁）などの論考がある。

涯にわたる教育内容であり、自らと他者とを大切にできる行動を主体的に選択することができるための知識や態度、スキルを育むものであって、多様な人びととの幸せな人間関係を築いていくための教育である」と定義している。[*15] これは、包括的性教育の姿をとてもよく伝える表現である。

こうして、包括的性教育の実現のためには、家庭・地域社会・学校の連携とともに、教育政策・社会政策、さらには社会運動とのつながりのあり方も検討の射程に入ってくる。「ガイダンス」は、「学校を基盤としたプログラムが、コンドームの配布、若者向け保健サービスの提供者へのトレーニング、親や教員の参画といったコミュニティ的な要素によって補完されているとき」包括的性教育は最も強い影響力をもつとしている。[*16]

このようにみてくると、包括的性教育は、社会全体のあり方を変えていく教育ということになる。その過程で、たとえばジェンダー・バイアスに基づく価値観やものごとの認識枠組みが反省的に問い直されていく。そのことによって、人々の自由で幸福な生活が実現されていく。まさに人権尊重の文化を築く教育ということになる。

では、現実問題として、包括的性教育をどのように実践していくのか。教員の多忙化が深刻となっている今日において、さらに業務を追加するイメージで性教育が語られれば学校現場からは忌避されてしまう。しかし、子どもたちを本当に必要なものから遠ざけてはいけない。包括的性教育は、生きることそのものを自覚化し、自他の命

＊15　堀川修平『「日本には性教育はなかった」と言う前に―ブームとバッシングのあいだで考える―』柏書房、2023年、46頁。

＊16　ユネスコ編／浅井春夫他訳、前掲書、61頁。

を守る教育である。どうすればその実施を確保できるかを考えねばならない。

たとえば、東京都武蔵野市にある吉祥女子中学・高等学校（私立）では、１９６０年代から6年間一貫した「性教育」を「性とは生である」という考えの下、実施している。中1の保健で「心身の発達と心、性の多様性」を学び、高1では、「生物学的・科学的・社会的視点から広く知識を習得し、2学期後半からは各自で設定したテーマについての研究を進め、研究発表やディベートなど生徒参加型の授業を展開」している。[*17] これは、まさに包括的性教育の理念そのものであり、実践的には保健や理科だけではなく、社会科（地歴・公民科）や家庭科も含めて「性と生」をめぐる問題を考えていくようなカリキュラムがつくられている。ここでは、一貫して性的自己決定能力を培うことが目指されている。

これに対しては、私学だからできるのだとの反論もあるかもしれない。しかし、公教育機関として学習指導要領によっている点では、公立と変わるところはない。また、中学校・高等学校ならば、ある程度は具体的な話もできるかもしれないが、小学校では難しいのではないかとの意見もあるかもしれない。確かに、その点は大きな課題である。包括的性教育は5歳からの性教育を掲げているのだから、初等教育段階からどのように実践をつくっていくかが問われる。おそらく性教育の難しさは、この点にあるともいえる。次章が、その実践のひとつのよい事例になるのではないか。

＊17　吉祥女子中学・高等学校は１９３８年創設。ホームページから各教科の方針等を知ることができる。
https://www.kichijo-joshi.jp/index.php
その性教育実践についてはＮＨＫが取り上げるなど、広く一般にも知られるようになっている。なお、生徒自身が性についてのリアルを知るための取材もしており、本章の冒頭で紹介した高橋幸子を訪ねている。
https://www.nhk.or.jp/heart-net/article/154/
（ともに最終閲覧日２０２４年5月5日）

第4章

包括的性教育へのチャレンジ

——学校が誰にとっても安心・安全な場所であるために——

内海早苗（元滋賀県小学校教諭）

2022年11月12日（Readin' Writin' BOOK STOREにて）

2023年から日本で始まった「生命（いのち）の安全教育」は、「包括的性教育」にそったものと言われていますが、果たして実態はどうなのか。2021年まで小学校の教壇に立っていた内海早苗さんに、自身が行った「包括的性教育」の授業内容をご紹介いただいた講演録です。

包括的性教育を学校現場で扱う意義

私が昨年行った「包括的性教育」の授業についてお話しします。「包括的性教育へのチャレンジ」と題してみましたが、ひとつの提案と思って聞いていただけたらと思います。副題を、「学校が誰にとっても安心・安全な場所であるために」としました。「包括的性教育」の授業が導入されれば、まさに「誰も排除されないための教育」になるのではないかと考えています。

私は性のことを専門的に研究してきたわけではありません。子どもや保護者との出会いの中で、主に障害者や在日外国人が抱える社会構造による生きづらさの問題に気づいて、同時に子どもの尊厳や「女性（私）の生きづらさは社会的なことである」というフェミニズムの中から生まれた言葉に自分自身思い当たるところがあって、そこから関心をもっていろいろ考えるようになりました。

包括的性教育とは何か。私が参考にしたのは、明石書店から出ている『国際セクシュアリティ教育ガイダンス』[*1]（以下「ガイダンス」）という本です。「包括的」がつくと何が違うのかということはわかりにくいですが、ただひとつ言えることは、たとえば、現在のように保健の授業の中で第二次性徴を教えるという実践だけでは、ぶつ切れの性教育の教え方になるということなんです。

これまでの性教育のあり方はテーマ主義でした。この年齢ではこのテーマを教えるという形で私も授業をやってきました。もともと、日本の学校で性教育をやるとなって、学習指導要領に性に関することが取り入れられたのが1992年です。性教育元年と言われています。こうした動きは少し前からあって、エイズの問題が起こったこともその背景にあったと思います。

私の職場は滋賀県ですけれど、滋賀県教育委員会も「性に関する指導」というタイトルの分厚い手引きのようなものをつくっていました。この手引きが各学校に何冊もあるという状況で、それをもとに低学年から紙芝居を用いたりして、赤ちゃんはどこから生まれてくるのかなどを教えていました。4年生の段階ではペニスとかヴァギナという言葉も教えていました。いま振り返ると、そのときは言葉や事実を教えるのみにとどまっていました。

こういった授業を参観日に保護者の前でもやったのですが、保護者からは意外と好意的に受け取られました。「家ではなかなか教えられへんので、教えてもらってありがたいです」という反応もありました。決して私の周りでは、そのことを否定的にと

＊1　ユネスコ編／浅井春夫他訳『国際セクシュアリティ教育ガイダンス【改訂版】』明石書店、2020年

らえるという感じではなかったんです。けれども、七生養護学校事件（33ページ参照）以来、学校現場で性教育ができない状況になってしまいました。

それからかれこれ20年です。この20年の間にＪＫビジネスや小学生向けのエステビジネスといったひどい話も出てきています。いまこそ本当に性教育が必要なのに、なかなか学校現場での実践が進んでいかないということを、ずっと問題だと思っていました。しかも若い当事者の方たちから、「学校教育には期待しません」とか「何かあっても先生には相談しない」といった赤裸々な話を教職員組合で聞くことがあって、なんとか子どもたちにアプローチしていきたいなという気持ちがベースにあります。その思いもあって、２０２１年度に当時の勤務校で私がやった包括的性教育の実践をお話ししていきます。

ユネスコが体系化した学習プログラム「包括的セクシュアリティ教育」

「ガイダンス」では、国際的にいろいろな分野を扱った性教育がされていることが紹介されています。しかもこれは、各国政府に対しても「やるべき」と薦めているものです。日本の現状とはかけ離れている内容だと思うんですが、これを学ぶことで何ができるのかなということを考えるきっかけになればと思って紹介します。

包括的性教育で扱うのは「セクシュアリティ」ということです。セクシュアリティ

表1　8つのキーコンセプトとトピックごとの学習目標

1. 人間関係	2. 価値観、人権、文化、セクシュアリティ
①家族 ②友情・愛情・恋愛関係 ③寛容、包摂、尊重 ④長期の関係性と親になるということ	①価値観、セクシュアリティ ②人権、セクシュアリティ ③文化、社会、セクシュアリティ

3. ジェンダーの理解	4. 暴力と安全確保
①ジェンダーとジェンダー規範の社会構築性 ②ジェンダー平等、ジェンダーステレオタイプ、ジェンダーバイアス ③ジェンダーに基づく暴力	①暴力 ②同意、プライバシー、からだの保全 ③情報通信技術（ICTs）の安全な使い方

5. 健康とウェルビーイング（幸福）のためのスキル	6. 人間のからだと発達
①性的行動における規範と仲間の影響 ②意思決定 ③コミュニケーション、拒絶、交渉のスキル ④メディアリテラシー、セクシュアリティ ⑤援助と支援を見つける	①性と生殖の解剖学と生理学 ②生殖 ③前期思春期 ④ボディイメージ

7. セクシュアリティと性的行動	8. 性と生殖に関する健康
①セックス、セクシュアリティ、生涯にわたる性 ②性的行動、性的反応	①妊娠、避妊 ②HIVとAIDSのスティグマ、治療、ケア、サポート ③HIVを含む性感染症リスクの理解、認識、低減

出典：『国際セクシュアリティ教育ガイダンス【改訂版】』2020年

表2　キーコンセプト5：健康とウェルビーイング（幸福）のためのスキル（②意思決定）の年齢ごとのキーアイデア

出典：『国際セクシュアリティ教育ガイダンス【改訂版】』2020年

5〜8歳

誰もが自ら意思決定するに値し、そのすべての決定は結果をもたらす

➡学習者ができるようになること
- 自分が下しその内容に誇りをもっている意思決定を説明する（知識）
- 自分たちの、そして他者の、よい結果あるいは悪い結果をもたらす意思決定の例を明らかにする（知識）
- 子ども、若者が意思決定をするときには、親や保護者、信頼できるおとなの助けが必要なときもあることを認識する（態度）
- 適切な意思決定をするための助けが得られる状況についての理解をはっきりと示す（スキル）
- 適切な意思決定をするために助けを求められる親、保護者、信頼できるおとなを明らかにする（スキル）

9〜12歳

意思決定は、学び、実践することのできるスキルである

➡学習者ができるようになること
- 意思決定の際の主なステップを説明する（知識）
- 意思決定は学ぶことのできるスキルだと認識する（態度）
- 意思決定のプロセスを、問題の解決に適用する（スキル）
- 意思決定の助けになりうる親や保護者、信頼できるおとなを挙げる（スキル）

意思決定には、友だち、文化、ジェンダー役割のステレオタイプ、仲間、メディアを含むさまざまなものが複合的に影響している

➡学習者ができるようになること
- 自分たちがする意思決定に影響を与えることを列挙する（知識）
- 自分たちの意思決定が非常に多くの要因に影響されていることを理解する（態度）
- 自分たちの意思決定に影響するさまざまな事柄についてどう感じるかを表現する（スキル）

12〜15歳

性的行動に関する意思決定のプロセスには、可能性のあるポジティブ、ネガティブな結果をすべて考慮することが含まれる

➡学習者ができるようになること
- 性的行動に関するさまざまな意思決定のポジティブな結果とネガティブな結果を見極める（知識）
- 性的行動に関する意思決定が、人々の健康、未来、人生設計にどのように影響するのかを説明する（知識）
- 性と生殖に関する健康に影響する意思決定のプロセスを適用する（スキル）

性的行動に関する合理的な意思決定を難しくしうる要因がある

➡学習者ができるようになること
- 性的行動に関する意思決定に影響しうるさまざまな感情を明らかにする（知識）
- 性的行動に関する合理的な意思決定に、アルコールや薬物がどのように影響しうるかを説明する（知識）
- 貧困、ジェンダーの不平等、暴力が、性的行動に関する意思決定に、どのように影響しうるかを説明する（知識）
- 性的行動に関する人々の意思決定に影響する要因は多くあり、その要因の中には、自分でコントロールできないものがあることを理解する（態度）
- 性にかかわる意思決定に影響を及ぼしうる感情を見極め、うまくコントロールするさまざまな方法を実際にやってみる（スキル）

15〜18歳

性にかかわる意思決定は、社会的、健康的な影響を含む結果を自分と他者にもたらす

➡学習者ができるようになること
- 個人、家族、社会における性的行動にかかわる意思決定がもたらしうる社会面、健康面の結果について分析する（知識）
- 性に関する意思決定は、自分自身、その家族、そして社会に影響することを認識する（態度）
- 自分たちの性に関する意思決定によって影響を受ける他者への共感を表現する（スキル）
- 性的行動に関する責任ある意思決定をする（スキル）

性にかかわる意思決定は、法的責任を伴う可能性がある

➡学習者ができるようになること
- 若者にとって、性的行動に関して何が可能で、何が不可能なのか（性的同意年齢、避妊具や性感染症およびHIVの状況、同性間の性的行動を含む健康に関するサービスへのアクセスなど）ということに影響する国内法を明らかにする（知識）
- 性的行動にかかわる意思決定を見極めるうえで、自分たちの権利を知っていることが重要であることを認識する（態度）
- 性的行動にかかわる特定の意思決定の作用により生じうる法的責任を見極める（スキル）

というのは、人間の性のあり方の全般を指していて、身体的、心理的、精神的、社会的、経済的、生理的、文化的な側面をもちます。一人の人がその個人にとどまらない、いろいろな分野とかかわってくるということです。セクシュアリティを扱うには体系化する必要があって、「包括的セクシュアリティ教育」というのはユネスコが体系化した学習プログラムだと理解しています。

このセクシュアリティ教育の目的は、ただ単に知識を得るだけではなく、子どもや若者が、性的・社会的関係について責任ある選択ができるようにするための知識やスキル、価値観を養っていくというすごいポジティブなものだと言われています。

その広い範囲のものを整理していくという意味で、8つのキーコンセプトに分けられ、その8つのグルーピングの中もさらに細かく学習目標が分けられています（表1参照）。

表2は、キーコンセプト5「健康とウェルビーイング（幸福）のためのスキル」の中のトピック2の「意思決定」というところについて紹介したものです。この意思決定の中は年齢別になっていて、年齢別に繰り返し学べるように、キーアイデアが提示され、それが相互に関連しています。たとえば、「意思決定」の15～18歳のところでは、「性にかかわる意思決定は、社会的、健康的な影響を含む結果を自分と他者にもたらす」というように、そのセクシュアリティにかかわるスキルを得るためのキーアイデアが書かれています。初めの段階の5～8歳のところにも、「誰もが自ら意思決

定するに値し、そのすべての決定は結果をもたらす」とあります。5歳から8歳は小学校入学前から小学校の低学年にあたりますが、その年齢ですでに意思決定をするような生活をしているかどうかを問題にしています。

以前5年生を担任したとき、子どもたちに自分で決めていることがありますかと聞いたことがあります。たとえば、着ている服。さすがに高学年になると自分で選んでいる子がほとんどだと思うんですけれども、なかなか自分で決める機会がない子もいました。なかには、塾は自分が決めているとか、何を食べるかを決めているとか、そんなことを言っている子もいました。自分で決められることは自分で決めていこうね、という話を授業でというよりも、普段の子どもたちとの会話の中で話しました。

もちろん個人差があるんですけれど、このように「意思決定」にフォーカスをすることで、みんなが自分で決めていくことが大事だということを認識するようになっていくかなと思います。それがそのあとの性的自己決定権にもつながってくるので。小学校からできることはそういうことだと考えています。

このように各トピックの中のキーアイデアは、年齢ごとに繰り返して学び進めるようになっていて、すべてのキーアイデアには「学習者ができるようになること」という学習の方向性が書かれています。

「意思決定」のトピックでいうと、学習者ができるようになることに、これまでに「自分が下しその内容に誇りをもっている意思決定を説明する」というのが「知識」

として入っています。それから「子ども、若者が意思決定するときには、親や保護者、信頼できるおとなの助けが必要なときもあることを認識する」が「態度」として入っています。つまり自分が決められないときは大人を頼ってもいいよということですし、その前提には、絶対決めなければいけないということではない、ということがあります。決めた結果の責任を自分でも負うんですけれども、負えないときは誰かに助けてもらうということも入っています。それは知識だけではなくて、態度として理解していくということです。その次に「スキル」として「適切な意思決定をするための助けが得られる状況についての理解をはっきりと示す」とあります。つまり練習するということですね。そういう場面を想定して、そのときには言えるように練習しておくというのがスキルなのかなと思っています。以上、8つのキーコンセプトの建てつけを説明しました。

子どものエンパワーメントを図るために

浅井春夫さんが書かれている本に[*2]、包括的性教育の構成要素が書かれています。まず「包括的で正確、科学的根拠に基づいた内容であり、かつ各年齢に必要な性に関わる情報を獲得する機会を提供しています」とありますが、いまの学校では提供していないということになります。さらに、これらの学びで「学習者のエンパワーメン

＊2　浅井春夫『包括的性教育—人権、性の多様性、ジェンダー平等を柱に』大月書店、2020年、143～147頁。

トを図る」、そして「人権的アプローチをとる」と続きます。このように子どもたちが課題をクリアしていくことで、その課題について自分が積極的にかかわって、何とかしていきたい、社会を変革していこう、そういう力にもつながっていくとあります。私もそう思いたいです。そしてジェンダーの平等の理解の促進へと続きます。

子どもたちや若者の現状を見ると、性的虐待、性的搾取、幼い子どもの写真を撮ってネットにあげるということも起こっていると聞きますし、予期しない妊娠についても、他の国のようには自分のからだの決定権をなかなか行使できないという状況もあります。そういう意味で言うと、子どもたちはジェンダーの混乱したメッセージを浴びているといえます。包括的性教育では、そのあたりも課題として子どもたちに提示して、どのように解決していったらいいだろうかということを扱っています。

私がこの包括的性教育がいいなと思った理由は、子どものエンパワーメントを図ることと、いまは生きづらい社会だけれどもみんなの力で変えていくことができるという希望に満ちたところです。「日教組（日本教職員組合）の両性の自立と平等をめざす教育研究会」（両性研）[＊3]で、艮香織（うしとらかおり）[＊4]さんが講演してくださったんですが、そのときも、自分の権利や相手の権利に気づいて、また誰かの権利が侵されている際にはそれに対して立ち上がる力を育成していく、ということの必要性を話されていました。

学校生活で権利が侵されるということでは、男の子が男の子に対して悪ふざけでズボンを下げる「ズボンずらし」も見過ごせません。そこで私は、その悪ふざけを目撃

＊3　ジェンダー平等社会に向けた教育実践のために、教職員がまず現状や課題を認識し、どうやって取り組みを広げていくかなど議論する場として日教組が開催している研究会

＊4　艮香織：宇都宮大学地域創生推進機構准教授（2024年現在）

したときにその子たちに話をしました。この件はおうちの人にも言っておこうと思って、保護者にも話をしたんです。その保護者の反応は、「サッカーではやっているから、ただの悪ふざけだと思います」というものだったんです。こうしたやりとりは、保護者といえども自分のからだについてとか、誰かの信頼を得るとはどういうことかとか、そういうことを学ぶ場もないことを表していると思いました。

では実際に学校で「包括的性教育」ができるのかです。これについては、まず子どもの現実を見てから始めようということですが、私のいた学校では、他の学校もそうだと思いますが、包括的といった意味での性教育はやっていません。それらしきものは、保健の教科書でやる、5年生の理科の「人のたんじょう」というところで学習する、という程度で、触るという感じの学習だったと思うんです。

そんな中である事柄が起きました。私の担当学年ではなかったんですが、6年生がいる校舎のトイレにコンドームが落ちていたんです。それを見つけた担任たちはどうしたか。「これは大変なことや」と学年集会を開いて生徒指導的な対応をしたんです。子どもたちはコンドームに関心のある年齢であるとは思うんですが、何のために使うものかということまでわかっていたのか、そもそもどうしてそこに落ちていたのか、結局わからずじまいなんですよ。学校は、「こういうことをしたやつはけしからん！」という対応しかできなかったんです。私も様子を聞くだけしかできませんでした。

包括的性教育の実践例

私の授業は、「ガイダンス」を参考にしていますので、それにそって実践例をお話ししていきます。

実践例①家族

キーコンセプト1「人間関係」のトピック1「家族」、学習目標は5〜8歳の実践例です。世界にはさまざまな家族の形があるということで、『タンタンタンゴはパパふたり』[*5]を取り上げました。この本は有名な絵本ですのでご存じの方は多いと思います。私の勤めている学校では「人権の日」[*6]を設けていて、「何らかのメッセージを発信する」と決められています。そこで私は、全校に向けてこの絵本を読むことにしました。

低学年の子どもたちの反応は、「ペンギンが生まれてよかったね」「優しくしてもらってよかったね」のようなほのぼのした反応だったと聞いています。そのとき私は高学年の担任だったのですが、ある子が「あ、おかまや！」って言ったんです。それで私は、「それどこで聞いたん？」と尋ねてから、この発言についてみんなで考えることにしました。低学年の間ではほのぼのした反応なんだけれども、学校の中でいろんな刷り込みであるとかミスリードであるとか、それは学校だけじゃなくて社会からも

＊5 ジャスティン・リチャードソン＆ピーター・パーネル作／ヘンリー・コール絵／尾辻かな子・前田和男訳『タンタンタンゴはパパふたり』ポット出版、2008年

＊6 野洲（やす）市で起きた差別事件をきっかけとして、毎月25日を人権の日と市が設定した。

あるとは思うんですけど、そういうものが子どもたちには育っている。だからほったらかしにしていてはいけない事例だと思ったんです。

授業では、「あなたはだれとくらしているの？」というテーマで家族の多様性についても考えました。『あっ！そうなんだ！　性と生』[*7]という絵本から資料をつくりました。絵を一枚一枚子どもたちに見せていきましたが、「ぼくは、お母さんと妹の3人家族だよ」という絵を見せたとき、「お父さんどこいったん？」と子どもたちは言いました。伝統的な家族像というのが、低学年でさえしっかり根づいている、無意識にすごく子どもたちに刷り込まれていると感じた場面です。「いやいや、いろんな家族がいるんだよ」という話をしてから、「人の数だけ家族の形はいろいろある」ということを子どもたちと話し合いました。

「ぼくたちは男ふたりで暮らしているよ」という絵のところでは、カップルではなく友だち同士だと受け止めていたかなと思います。「女の人同士もあるよね」と言ってくれる子もいました。家族の形というのはその人が望む形でいいのにもかかわらず、社会規範があってなかなかそう考えられない。「うち一人親やし」

＊7　浅井春夫・北山ひと美・中野久恵・星野恵・安達倭雅子著／勝部真規子絵『あっ！そうなんだ！　性と生』エイデル研究所、２０１４年

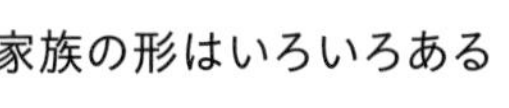

という話をしたときに、「あ、ごめん、聞いて悪かった」みたいな反応があって、なんか居心地悪い感じになっちゃう。それこそマイクロアグレッションだと思うんです。

家族のあり方でいうと社会的養護の中で暮らす子どもたちにも目が向けられていません。「自分は6年生で年齢が上やから、リーダー的な役割もしている。それは楽しいんやけど、でも家よりは下」、と言った社会的養護のもとで暮らす子どもの話を聞きました。私の実践でもこの視点が抜けていました。

知識として学んだあとに、その態度として求められているのが、「家族のさまざまな形に対する尊重を表明する」ことです。それからスキルとして、「家族のさまざまな形に対する尊重を表現する方法を実際にやってみる」というアプローチをするということが抜けています。ですから、この絵本を読み聞かせするという実践だけでは知識にとどまるものなんだろうなと思いました。これは反省の部分です。

実践例②ジェンダー理解

次に紹介するのは、キーコンセプト3「ジェンダーの理解」のトピック1「ジェンダーとジェンダー規範の社会構築性」、学習目標9〜12歳の実践例です。小学校4年生の授業で扱いました。

『行動力をはぐくむ教室』[*8]という本のイラストに、短い髪の毛の子がスカートをはいてたり、ハートマークの服を着ていたり、フリフリの服だったりというものがあり

＊8 沖本和子『行動力をはぐくむ教室—もちあじワークで多様な未来を』解放出版社、2017年

ます。この絵を見たときに、「なんか変だと思うことはありますか？」と聞いたんです。結果としては、「イエス」、なんか変だと感じた子が39％で、「ノー」、変じゃないと感じた子が61％で、「なんか変と感じる子が多いだろう」という予想とは少し違っていましたが、そこには子どもなりに人権への忖度（そんたく）というか正しいことを言わなければいけないという縛りみたいなものがあるのではないかと思います。

「イエス」と答えた子の意見は、「男の子なのに花模様の洋服を着ている」、「ユウの頭に毛がない」、「スカートでサッカーはやりにくい」、それはそのとおりなんですけどね、「ケイが男の子なのにハート柄の服を着ている」、そういう反応がありました。「ノー」と答えた子の意見は、「男の子だからズボン、女の子だからスカートは別に関係ないと思う」、「洋服に決まりはないと思う」、「服なんだからだれが着たっていい」、「おかしくない」といったもので、こちらが言ってほしいなと思っていたことを読まれたんじゃないかと思うくらいの反応でした。もともと髪の毛が短いから男の子と決まっているわけではないんだけれども、子どもたちの中では、髪の毛が短い＝男の子、なのにスカートはいている、という状況から、いろいろと刷り込まれているものが出てきやすい教材だったと思うんです。一部に、現実的にはほとんどいない例を挙げるのはどうかという問題意識もありました。

とはいえ男の子はこうあるべき、女の子はこうあるべきというイメージがあるよね、ということで子どもたちと意見を出し合いました。隣のクラスの担任はこの授業

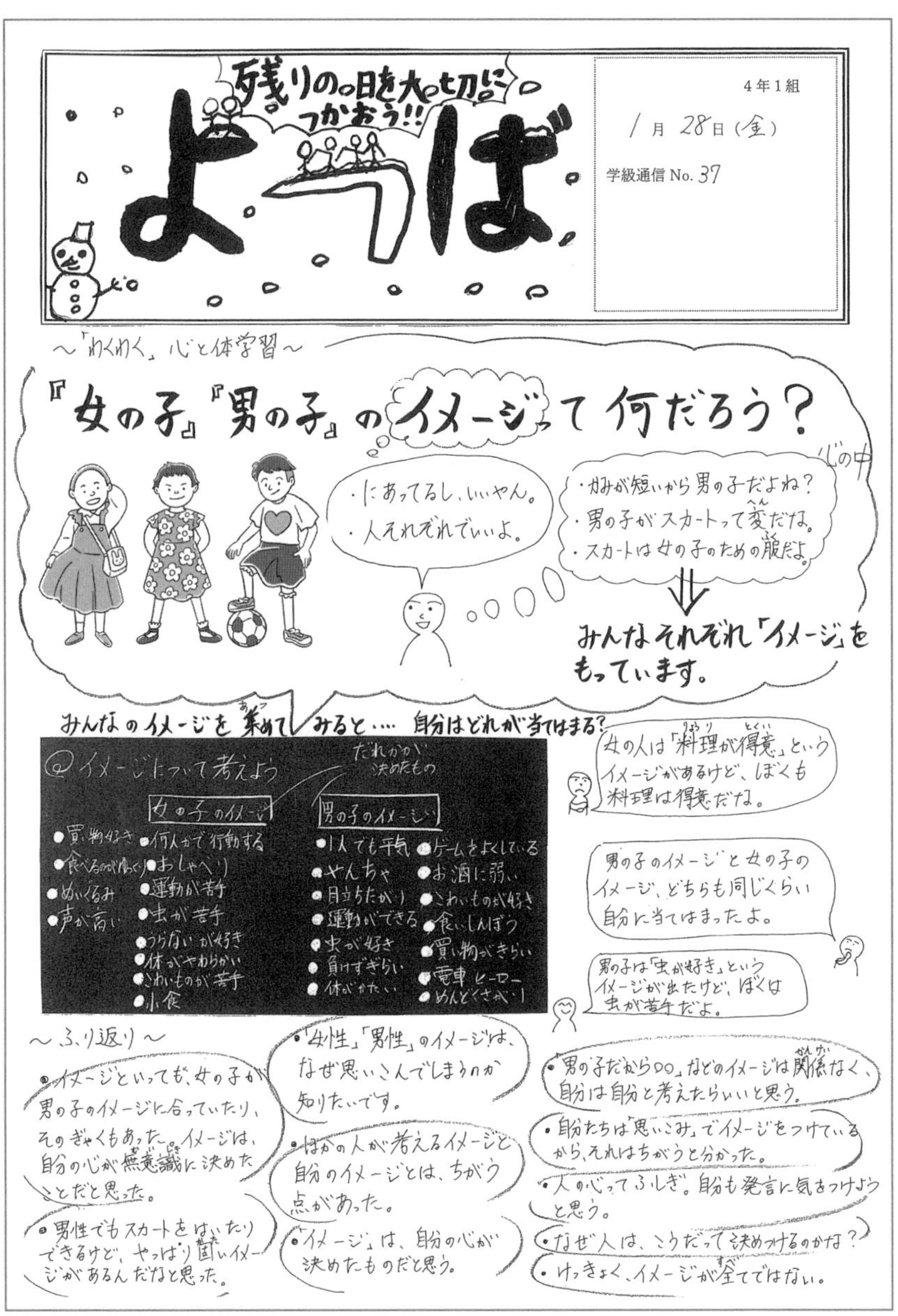

残りの日を大切につかおう!!

よつば

4年1組

1月 28日（金）

学級通信 No. 37

〜「わくわく」心と体学習〜

『女の子』『男の子』のイメージって何だろう？

⇓

みんなそれぞれ「イメージ」をもっています。

みんなのイメージを集めてみると…　自分はどれが当てはまる？

◎イメージについて考えよう

だれかが決めたもの

女の子のイメージ		男の子のイメージ	
●買い物好き	●何人かで行動する	●1人でも平気	●ゲームをよくしている
●食べるのがゆっくり	●おしゃべり	●やんちゃ	●お酒に弱い
●ぬいぐるみ	●運動が苦手	●目立ちたがり	●こわいものが好き
●声が高い	●虫が苦手	●運動ができる	●食いしんぼう
	●つりないが好き	●虫が好き	●買い物がきらい
	●体がやわらかい	●負けずぎらい	●電車 ヒーロー
	●こわいものが苦手	●体がかたい	●めんどくさがり
	●小食		

女の人は「料理が得意」というイメージがあるけど、ぼくも料理は得意だな。

男の子のイメージと女の子のイメージ、どちらも同じくらい自分に当てはまったよ。

男の子は「虫が好き」というイメージが出たけど、ぼくは虫が苦手だよ。

〜ふり返り〜

- イメージといっても、女の子が男の子のイメージに合っていたり、そのぎゃくもあった。イメージは、自分の心が無意識に決めたことだと思った。
- 男性でもスカートをはいたりできるけど、やっぱり固いイメージがあるんだなと思った。
- 「女性」「男性」のイメージは、なぜ思いこんでしまうのか知りたいです。
- ほかの人が考えるイメージと自分のイメージとは、ちがう点があった。
- 「イメージ」は、自分の心が決めたものだと思う。
- 「男の子だから〇〇」などのイメージは関係なく、自分は自分と考えたらいいと思う。
- 自分たちは「思いこみ」でイメージをつけているから、それはちがうと分かった。
- 人の心ってふしぎ。自分も発言に気をつけようと思う。
- なぜ人は、こうだって決めつけるのかな？
- けっきょく、イメージが全てではない。

小学校4年生の授業内容を記した学級通信。子どもたちの活発な意見のやり取りがわかるを学級通信（右ページ参照）に掲載しました。女の子のイメージとしては、何人かで行動する、おしゃべり、運動が苦手、虫が苦手とか言ってます。男の子のイメージは、一人でも平気、やんちゃ、目立ちたがり、運動ができる、虫が好き、などを挙げていました。

この授業、前に5年生でやったんですけれど、男の子は肝心なときに逃げるという意見があって、それには多くの女子が賛同していました。これは高学年と中学年との年齢の違いかなと思います。今回はそれぞれイメージとして出てきているものが自分に当てはまるかどうかを考えました。実際に当てはめてみると、「男の子は虫が好きっていうイメージが出ていたけれども僕は虫が苦手だよ」という意見もあって、「自分たちが思い込みでイメージをつけているんだな」、「なぜ人はこうやって決めつけているんだろう」、「結局イメージがすべてではないよね」、といった意見も出てきました。この学習の振り返りとしては、「いままで思っていたこととは実際は違うのかな」、ということを考えられたと思います。

実践例③プライベートゾーン

キーコンセプト4「暴力と安全確保」のトピック2「同意、プライバシー、からだの保全」、学習目標5～8歳の実践例です。ここは低学年の目標となっていて、「自分のからだに誰が、どこに、どのようにふれることができるのかを決める権利をもって

いる」というキーアイデアが示されています。権利という言葉も含めて、小学校の低学年で出しているということになります。

文科省がつくっている「生命（いのち）の安全教育」のパワーポイントの教材[*9]では、「自分だけの大切なところをさわられて嫌な気持ちになったら『いやだ！』と言おう。逃げよう。安心できる大人にお話しよう」という内容がスライドとしてあるんです。ただ、「こんなことがあっても、先生に言うかな?」というのが疑問です。子どもたちが「先生はなんでも聞いてくれる」と思えるような、そういう関係性が普段からきちっとあるということをどのように把握するのか、などいろいろ考えてしまいました。安心できる大人っていうけれど、「誰に言うの」という話になってしまう。「どの先生にも言えへん」ということも現実問題としてあります。

それから授業では、やっぱり、「こういうときにはこうしよう」という、非常に道徳的な価値を示唆することになってしまう。もちろん、「被害に遭ったあなたが悪いわけではないよ」ということも押さえられてはいるんですけれども、それがどのように子ども自身の腑に落ちるかという部分で、それこそ生活全般の中で子どもの権利の保障がされていなければ、この教材は意味をなさないと思うところです。

一応、全校の子どもたちにプライベートゾーンという言葉の意味を知ってほしいという気持ちがあり、学校の「人権の日」の取り組みとして実施する提案をしました。文科省版は低中学年向けと高学年向けは少し内容が違うのですが、どの子にも初めて

＊9 文部科学省「生命（いのち）の安全教育」小学校向け（低・中学年／特別支援学級）スライド教材 https://www.mext.go.jp/content/20210416-mxt_kyousei02-000014005_31.pdf（最終閲覧日２０２４年5月29日）

のことなので同じ資料を使ったバージョンで実施することになりました。実施の前に「性被害に遭ったことを伝えてきた」、「様子がいつもと違う」子がいた場合は、生徒指導担当などと連携していくと共通理解をした上で行ったのですが、通り一遍になってしまったという反省はあります。「生命（いのち）の安全教育」と性教育をどうリンクさせるかというのは、なかなか難しいところだと思います。これを機に性教育が進むといいなとは思うんですけれども、課題も多いと思っているところです。

実践例④アサーティブ

同じくキーコンセプト4「暴力と安全確保」のトピック2「同意、プライバシー、からだの保全」の学習目標9〜12歳では、「望まない性的な扱われ方とは何かについて、また成長期におけるプライバシーの必要性について理解することが重要です」というキーアイデアが示されています。からだの保全ということ、自分のからだの主人公は自分であるということも含めて、そういう観念的なこと、抽象的なことを教えていくというのはすごく難しいです。ここではどのように伝えていくのかということを、「アサーティブ」という、相手も尊重した自己主張の仕方をスキルとして身につけてほしいと思ったので、「いま、どんなきもち？」[*10]を使って実践しました。

ただ、自分の意思をうまく伝える前に、これをされたとき自分がどういう感情にあるかとか、どういう気持ちになるかということを、本人がわかっていないといけない

＊10「いま、どんなきもち？」大阪府人権教育研究協議会ホームページより。http://daijinkyo.in.coocan.jp/kyozai/page.htm（最終閲覧日２０２４年5月29日）

と思うんです。けれども、そのように問われたりすることがなければ、自分がそのことをどう受け止めているかということが言語化できないという状況があります。この実践は大阪で続けられてきたものなので、ずいぶん広がっていると思います。けれども、やっぱりあえてこれを学んで、「気持ちっていろいろあるんだよね」、「こういう気持ちになったのはこういうことがあったから、私がそう思ったんだよね」、そういう点を押さえたということなんです。しかも、いろんなケースで自分がどういう気持ちになるかということをまずチェックして、友だちと意見交換する中で、「あんたそういう気持ちになるの？」みたいに、人によって気持ちは違うんだということも、ここで学んでいきました。

ちなみに、この実践をやる前に大人用の気持ちのチェックをしてみたのですが、どちらかというと大人のほうがネガティブな感情にはチェックしない傾向があったような気がします。妬(ねた)むとか、悪口を言うとか、愚痴を言うとか、そういう気持ちは人間ですからもちろんあるんですけれども、学校はそういうものを出すのはふさわしくないと思ってしまう場になっているのかもしれません。

『子どものアサーション―自分の気持ちがきちんと言える38の話し方』[*11]、という本があるんです。うまくいかなかったときに、一方的に自分の気持ちをぶつけるのでも、言わずに我慢するのでもなく、お互いにうまくいく方法があるということを教えると、子どもたちはロールプレイにすごくハマって、よろこんでやっていました。

＊11　園田雅代監修・編著、豊田英昭・鈴木教夫編著『イラスト版 子どものアサーション―自分の気持ちがきちんと言える38の話し方』２０１３年、合同出版

実際、日常生活の中で、学んだことがすぐにできるようになったかというと、全然そんなことないんですけれども、それでも私が「アサーションね、アサーションね」って言うと、「せやな、アサーションやな」って返してくるので、一応そこを通り抜けた意味はあったと思っています。

子どもたちの中には自分の事情で、それこそわがままと思えるような自分の事情をガンガン主張する子がいる一方で、自分を出さないで、友だちを優先するというタイプの子がやっぱり何人かいて、私としてはそれが気になっていたんです。いろんな気持ちがあって当たり前ということと、そういう気持ちを聞いてもらう心地よさというのを感じてほしいなと思ったので、日常の健康観察などの機会をとらえて、自分の好きなものを言うとか、何か自分のことを話すようにしました。その一連の中で、ちょっとプライバシーの侵害にあたるかなとは思ったんですけれど、「いままでに泣いたらアカンって言われたことある？」ということも聞いたんです。そうしたら30人の中で言われたことがないというのは、3人だけだったんですよ。やっぱり強くあるべきというメッセージをおうちの人も発しているようで、弱いということを肯定できるような環境をつくるのもなかなか厳しいかなと思いました。

誰かに聞いてもらったり、共感してもらったりという機会を増やしていく中で、教材[*12]から「いやって言っていいんだよ。」というテーマを取り上げました。この実践により少し自分の気持ちを言えるようになって、気持ちを少し緩めることができた子が

＊12　同前書、50～51頁

いたかなとは思います。

ただ、アサーティブって難しいんです。私もアサーティブのことを学ぶ中で、怒ったらいけないのかなと疑問に思うことはあります。アサーティブには、アサーティブでない主張をする権利も入っているんです。これは私自身のある同僚との間の話ですが、学校のルールをどう考えるかをめぐってその人と対立するというか、私にとってたいへん腹の立つことがありました。いつも子どもたちに「アサーティブにね」って言っていた私ですが、そのときはアサーティブどころかすごくハイになって怒って言葉をぶつけてしまっていました。その様子を見ていた同僚が引いて見ているのがわかったので非常に気まずかったです。後で「アサーティブにはアサーティブでない権利もあるしな」ってフォローしましたが、その同僚たちには言い訳のように聞こえたかもしれません。

セクシュアリティをどう教えていくか

ここからはセクシュアリティの話です。保健の教科書にも卵子、卵巣、精子、精巣という言葉が出てくるので、まず言葉を教えるということはもちろんですが、子どもが本当に自分事として関心が向くようにするために段階を経る必要があると思ったので、実態に合わせた計画を立てました。導入時には、思春期にどんなからだの変化があったのかおうちの人にインタビューしてこようという課題もやりました。すると男の子は「のどぼとけが出てきた」とか「声が低くなった」とか、女の子は「胸が大きくなってきた」とか、聞いてきました。

授業では私自身のちょっとしたネガティブな体験の話もはさみながら進めたのですが、その授業の感想にある子どもが「胸って大きくなくていいんですね」と書いていて、一般的な話より実際にあったエピソードとかのほうが子どもには伝わりやすいのだと思いました。教科書には「大人に近づくと、一般に女子は丸みのある体つきに、男子はがっしりとした体つきになるなどの変化が起こってきます」という、男女で分けた特徴的な書き方がされているんですけれど、成長には個人差があったりそもそもからだは人によって違ったりするということも伝えられたかなと思います。

実践例⑤性と生殖

キーコンセプト6「人間のからだと発達」のトピック1「性と生殖の解剖学と生理学」、学習目標9～12歳の実践をお話しします。実は教科書では名称と機能を教えるだけなんですけれど、包括的性教育では、月経は一般的なことで、女子の身体的発達の自然な一部であり、秘密やスティグマ[*13]として扱われるべきでないということがキーアイデアとして載っています。以前ですと、からだの特徴の違いを学習した後、男の子と女の子と分けて話をしました。そういう秘密主義ではなくて、全員に女の子のか

＊13 古代ギリシャ語に由来し、奴隷や犯罪人などに押された「烙印・焼き印」のこと。実体的なものではなく、差別構造（人間関係）の中で付与される不名誉、屈辱、欠点などの印（身体的な特徴、性別、障害、人種等、何がスティグマとなるかは多岐にわたる）のことで、スティグマを刻まれた者の自己認識は否定なものとなっていく（社会学者ゴフマンの議論を参照）。

らだってどうなっているんだろうね、ということを生理用品メーカーがつくった動画を見せながら一つひとつ丁寧に教えていったところ、「だからお母さんイライラしてるのか」って言った子がいたんです。生理のときだけじゃなくてその前から作用が出てくるということもあると知ったときの反応だったんですが、だから女の子だけが知っていればいいということではないし、やっぱりオープンにして知り合うということが大事かなと思いました。

実はこの授業のあった日、子どもたちに見せようと思っていたのにナプキンを家からもってくるのを忘れてしまったんです。そうしたら「先生、私もってんで」って、自分の生理用のポーチから出してきて見せてくれる子がいました。一応他の子どもたちには、「これは〇〇さんが見せてもいいと言ってくれたから見せるけどな」と断って、その動画に合わせて「まずこうやって開いて」というふうに、実物を見せながら示したんです。これによって秘密のことじゃない、スティグマにはならないようになったかなと思いました。

同時に、男の子のからだはどうなっているの、ということもやりました。「男の子も大変なんやな」、「あまり男の子のことわかっていなかったけど、わかってあげようと思った」、「射精も月経と同じで、病気でも怪我でもないし、最初は驚くかもしれないけど恥ずかしくないと知った」、「大人になるのはうれしいことだから変化もからだも大切にしたい」、「心配しなくてもみんなそうだと考えたい」とかいろいろな感想がありました。まだ4年生の後半は思春期の入り口なので、全員にからだの変化が起きているわけではないんです。一部には経験している子もいるとは思いますが、その子も含めて「からだの変化は成長ホルモンによる科学的なこと」として、みんなで確認し合いました。勃起は小さいときから起きているという話をしたときに、「俺、勃起すんねん」と自分のことをさらりとみんなの前で話してくれた子がいました。「でもお父さんやお母さんに立たせんなって言われた」ということまで。おかげで、「プライベートのことなので見られない場所を考えないとダメだけど、自分で自分のからだをさわるのは全然大丈夫だよ」と、セルフプレジャー[*14]についてもその流れでフランクに話せたように思います。

自分が意識していない間に射精する夢精についても、「おしっこは自分で止められるのに、なんで精子は止められへんの」ということを考えた子がいました。学習の最後のまとめとして、外部講師に来ていただく計画もしていて「専門的なことは専門家に聞くことができるよ」と子どもたちにも言っていたのですが、当日の朝に学年の子どものコロナ感染がわかりまして、講演をお断りすることになってしまいました。このように、子どもたちが「知りたい」と思う内容はこちらが想定していなかったようなことも含めてさまざまだったことは、授業をする側の私にとっても楽しいものでした。外部講師の授業がなくなったのは残念でしたが、全体としてとてもいい授業になったと思いました。

＊14　これまで「自慰」「オナニー」と言われてきた行為をとしてマイナスにイメージされることも多かったが、近年では、自己理解を深めることができるなど、積極的にとらえようとする傾向にあり、「セルフプレジャー」と表現されるようになってきている。

実践例⑥多様な性

キーコンセプト7「セクシュアリティと性的行動」のトピック1「セックス、セクシュアリティ、生涯にわたる性」、学習目標9〜12歳の実践です。ここはセクシュアリティにかかわるところです。教材としては、『マンガワークシートで学ぶ　多様な性と生―ジェンダー・LGBTQ・家族・自分について考える』[*15]を使っています。3人の子どもたちが、自分が好きな子の告白をし合っているという中で、同性の子が好きって言ったときにどのような反応をするか、ということを考える授業です。保健の教科書には、思春期になると異性が気になってきますという文言があるので、いや異性だけじゃないよね、と話しました。性が同じ人は同性で、異性に対して、もうひとつの言葉として同性という言葉を確認し合います。そして、『ジェンダー平等教育実践資料集―多様性を排除しない社会にむけて』[*16]という本で紹介しているロールプレイの手法を使いました。

このロールプレイの授業用につくったのが、『タンタンタンゴはパパふたり』のタンゴが小学校に行ってからのお話で、この本で紹介されています。小学生になったタンゴは仲良くなったボンを家に招待します。そこでボンはタンゴのうちはお父さんが2人いるんだとわかった。けれどタンゴのお父さんたちの関係を知らない2人のお友だちが、参観日にお父さんたちを見たときに、「パパが2人いるなんて、おかしいよ

＊15　渡辺大輔『マンガワークシートで学ぶ　多様な性と生―ジェンダー・LGBTQ・家族・自分について考える』子どもの未来社、2019年

＊16　日本教職員組合ジェンダー平等教育推進委員会編『ジェンダー平等教育実践資料集―多様性を排除しない社会にむけて』アドバンテージサーバー、2019年。『タンタンタンゴはパパふたり』のその後のお話を使ったロールプレイが紹介されている。

かというのを考える授業です。

ね」って言ったんです。それを聞いたボンは、お友だちとしてなんと言うのがいいのかというのを考える授業です。

授業では、1つめは否定的に言う、2つめは関心をもって言う、3つめは話題を変える、4つめは無言の反応をする、という4つのパターンでロールプレイしてみることにしました。すると子どもたちは、「違うというのもダメだけど、大切な話題をそらすのも、せっかく頑張って話してくれたのにダメだとわかりました」、「関係ない話でごまかさないようにしたい」という感想を出してくれたんです。ロールプレイをやっていて違和感があるということに、子どもたちが気づいて発言してくれたかなと思います。この中では、関心をもって聞くというのがいちばんいいんだと思うんですが、つまり相手と関係性をつくるということです。けれど、これがなかなか難しい。異性愛というのが普通だと刷り込まれているから、同性愛って言われたときにどう反応していいのかわからない。子どもたちは、「ええ？　いつから好きなん？」とか「どこが好きなん？」と関心をもって聞くことを想定して答えてくれたんです。

けれども大人は違いますね。夏休みに、この授業と同じことをある中学校の教職員研修でやってもらったんです。そのときに、この関係性をセクシュアリティとして、つまり性的に関心がある関係ではなく、友だちとして好きというふうにすり替えてロールプレイをしたグループがありました。「ちょっとした

偏見」と言ったら言い過ぎかもしれないけれど、大人はそういうものがあるのかな。だから人間のセクシュアリティのあり方は多様であるということを学ぶ機会が必要なんですね。

差別の問題というのはまわりの問題、そういうことなのでしょう。当たり前だと思っている価値観が誰かを排除しているのだと気づく機会がなければ、こうした異性愛が大前提の意識の人は、自分の中で腑に落ちないというか、ちょっとカルチャーショックというか、そういう感覚になるんだと思います。

他職種の労働組合の研修に呼んでもらったときにタンタンタンゴの絵本を読んだことがあるんですが、やっぱり男性の年配の人が「これ学校でやらなあかんの」って言いました。そしたら間髪入れずにその場にいた女性が、「知らないからそういう発想になるんだ」って突っ込みを入れてくれたので、そうそうそうって。

「自分にとってリアルな話じゃないから、どう言ったらいいんだろう」ってその人は言うんですが、異性愛しかないというそれまでの価値観が強ければ強いほど、性の多様性の話を聞いてもかえって混乱してしまうのではないかと思います。

包括的性教育の中では、文化、宗教、社会がセクシュアリティの理解にどのように影響しているのか、例を明らかにするなどと書いてあります。私自身の授業実践では、ここにまだキチンとふれられてないですし、できていないことはたくさんあります。それはこれからの課題です。

学校現場で包括的性教育は受け入れられるか

紹介した授業は、４年生の３学期の総合的な学習のところでやったものです。いつもやっていたのは、いわゆる「２分の１成人式」、10歳までの成長を振り返ろうという、すごく個人にフォーカスした学習でした。「成長したね」っておうちの人にも見てもらって、ほめてもらったり、承認してもらったり。けれどコロナの流行があって、「おうちの人に来てもらうのもどうなんでしょうか」、なんてことをうまく言いながら、これはチャンスだし、ちょっと変えようと思ったんです。

加えて、この授業を実践した学年の子どもたちは、本当に学校で一番パワフルな人たちと言われていたので、それこそ日常的にいろんなトラブルが起きていました。逆に見れば、子どもたちは自分の気持ちを素直に出すことができているなと思うんですけれども。その結果、家の人も巻き込んでしまうようなトラブルもいろいろとありました。そこでアサーティブやアンガーマネジメント[*17]を授業内容に取り入れたんです。そういう子どもたちも含めてみんなが生きやすいようにしていこうと、半ば強引なところもありましたが実践することができました。そして学年の中ではとくにハレーションが起こったりすることもありませんでした。

スカートをはいた髪の短い男子のイラストについて話し合いをしたクラスの担任

＊17　自らの「怒り」をコントロールしていくこと。怒りを悪ととらえ、怒ってはいけないと主張するものではない。怒りという強い感情に任せるのではなく、他者の感情の理解も含め、その場にふさわしい解決策を考えるなど、客観化できるように感情をコントロールしていくこと。ハラスメント防止の観点から、近年、企業で注目されることが多い。

は、「やっていて自分がすごく楽しかった」と言っていました。子どもたちの反応も良くて、盛り上がったということで、先ほど皆さんにお見せした学級通信（98ページ）はその担任から貸してもらったものです。このように、教師が元気になって、やってよかったという気持ちにはなってくれたかなと思います。

ただこの授業は、2分の1成人式に代わる学習の中で、4年生としてその学年だけでやったことです。ですから、私が退職したあとは、過去の授業の教材としては一応残してありますが、その後もやるかどうかはわかりません。いろいろな人権の要素をくっつけている部分もある授業なので、脈絡というものが理解されなければ授業をするのは難しいかなと。本当はこういう教材を、国がカリキュラムとして提示する中で子どもたちに合わせて授業をやっていく、という形がつくれたら一番いいんだろうと思います。

第5章

包括的性教育とジェンダー規範

1 人権の視点から考える性教育

いったいこれまでの性教育に何が欠けていたのか。結論を簡単に述べれば、「人権（それに伴う権利）」の議論の欠如に、日本の性教育問題の根っこがあるといえるだろう。この点は、包括的性教育が国際的潮流としてあらわれてきて以来、とくに浮き彫りになってきた点である。それゆえに、包括的性教育を意識した（あるいは実質的にそれと重なる理念による）性教育実践がバッシングを受け、また、実効性をもたないものに変質させられていくとすれば、それは人権侵害へとつながっていく。

では、人権としての性教育の確立のために何が必要になるのか。

たとえば、第2章の保健室での実践を思い出してほしい。「女の子たちは生理用品について言いたいこと聞きたいことをあれこれもって」いるのであり、保健室に来てそのことを話し、相談する。「低学年の子どもたちは、自分がどうやって生まれてきたのかについて本当に自然に疑問に思う」のであり、保健室に本を読みに来る。そして、その疑問が解け、納得してそのことを受け止める。子どもたちの疑問に答えてくれたその本は、一般書店で市販されている図書でありながら、教育委員会からの通知によって図書館には置かないようにと言われた「不適切」な図書だった。「妊娠の経過に関する箇所」があり、それは高校での教育内容だというのが理由らしいのだが、この措置がいかに現実の子どもたちの状況を無視したものだったかがわかる。[*1]

また、第4章の実践では、たとえば身体についての学習をする際も、男女で分けて「秘密主義」的にその特徴を伝えるのではなく、「オープンにして知り合うこと」が大切にされていた。そのことで、お互いのことを理解でき、誰にも相談できずにいた悩みや疑問が解決されていく。

これらいずれもが、「人権」を基盤とした実践、つまり、子どもたちの生活実態に即することを前提とした実践であった。

2　国際機関から見た日本の性教育と文化

ここで、日本の「性」をめぐる社会状況および教育実態が、国際的にどのように見られているのかを、国際条約に関連させて確認しておきたい。

国連子どもの権利委員会は、「子どもの権利条約」の日本での実施状況についての審査結果をもとに、2019年に総括所見を公表した。[*2] それは、実質的に、日本の性教育の不十分さを指摘するものでもあった。所見では、日本において子どもへの暴力、性的な虐待や搾取が深刻であることが指摘され、子ども自身が虐待被害の訴えや報告ができる機関の創設、そして、子どもの買春や性的搾取につながる商業的活動の禁止が日本政府に求められた。なかでも「リプロダクティブヘルスおよび精神保健」

＊1 もちろん、市販されているからといって、どんな本でも図書館に置くべきだということではない。しかし、この『せっくすのえほん』（子どもの未来社）は、各地の保育園や保護者に歓迎されている幼児向けの性教育絵本である。著者である水野都喜子は、幼児期からその成長とともに子どもたちが疑問に思う「自分はどこから来たのか」といったような人生を歩んでいく出発点となる疑問に、科学的情報を基盤に性器や性交のことなどを含め、無駄なく、わかりやすく答えようとしている。

＊2 子どもの権利条約は1989年に国連で採択された。日本の批准はずいぶん遅れて1994年であった。国連による審査は、1998年、2004年、2010年に行われており、2019年が4回目の審査（日本政府の第4回・第5回統合定期報告書をもとに審査）であった。

として、次のような指摘がなされたことは、日本の性教育の抱える課題を端的に示したものであるといえる。

まずは懸念されること（とくに性に関する部分）として、「思春期の子どもの間でＨＩＶ／ＡＩＤＳその他の性感染症の感染率が高まっており、かつ、セクシュアルヘルスおよびリプロダクティブヘルスならびに家族計画についての学校におけるサービスおよび教育が限られていること」、「10代女子の妊娠中絶率が高く、かつ刑法で堕胎が違法とされていること」、そして「思春期の子どもの精神保健に対する関心が不十分であること」などが挙げられた。その上で、日本政府に対して次のような措置をとることが促された。[*3]

- とくに早期妊娠および性感染症の防止に重点を置き、思春期の女子および男子を明確な対象としたセクシュアルヘルスおよびリプロダクティブヘルスに関する教育を学校の必須カリキュラムの一部として実施すること
- 質の高い、年齢に応じたＨＩＶ／ＡＩＤＳ関連サービスおよび学校での教育へのアクセスを向上させ、ＨＩＶに感染した妊娠中の女子を対象とする抗レトロウイルス治療および予防治療へのアクセスおよびその受療率を向上させること
- あらゆる状況における中絶の非犯罪化を検討し、思春期の女子を対象とする安全な中絶および中絶後のケアのためのサービスへのアクセスを高めること

＊3　総括所見の訳文については「ＡＲＣ平野裕二の子どもの権利・国際情報サイト」を参照されたい。https://www26.atwiki.jp/childrights/pages/319.html（最終閲覧日２０２４年５月29日）

- 根本的原因の分析、啓発活動および専門家の増員を含む学際的アプローチを通じ、子どもおよび思春期の青少年の情緒的・心理的ウェルビーイングに取り組むこと

これらの指摘を見れば、これまでの各章で確認してきたように、国際的に、「性交」も含む自らの生き方にかかわる具体的な「性教育」を、必須のカリキュラムとして学校教育の中に位置づけていくことがいかに重要視されているかがわかる。[＊4] そしてこのことが学校教育に限られず、他の諸政策との関連も意識した「包括的」な政策として実施されていくことが必要であることもわかる。第3章、第4章で確認してきたように、包括的性教育は、自分はどんな人生を送るのか、そのことを「性」を中心に据えながら考えていくものであった。そういう意味で「性教育」は必然的に「包括的」となるのだが、そのような教育を保障しようとすれば、政策論としても「包括的」であることが求められる。この国連の所見によって、私たちはそのことにあらためて気づかされるのである。

しかし、そこに進んでいく前の段階で、解決しておかなければならない問題が山積み状態である。最も大きな課題は、性教育を実施する基盤ともいえる「性をめぐる差別」の解消に向けていかに取り組むか、ということである。

国連の女性差別撤廃委員会は、２０１６年に、「女性差別撤廃条約」に基づいた日本の政策実施状況に関し総括所見を出した。そこでは、差別撤廃に向けてなかなか具

＊4　実際、オランダでは、2012年に初等教育段階から性教育が義務化されている。性交や性の多様性について展示する博物館もあり、親子連れや学校単位での来場もあるという。また、専門機関が教材の開発・提供もしている。https://globe.asahi.com/article/15258855(最終閲覧日2024年6月10日)

体的政策が進まない日本に対して前回の所見と同様の内容が繰り返されている部分が多い。国内人権機関の設置や包括的な差別禁止法の制定は、きわめて重要な対策として位置づけられている。[*5] また、とくに政治への女性の参加の低さが指摘され、実質的な男女平等のためにクオータ制（人種、性別などを基準として、職業等の一定数のポストを不利益を受けている者に割り当てる制度）などの暫定的な特別措置をとることも勧告されている。

この所見には、日本が差別撤廃のために取り組むべき多くの課題が書かれている。なかでも、次のような教育あるいはそれを支える文化についての懸念は、日本がなかなか克服できていないところを鋭く突いている。女性差別撤廃委員会は、「家父長制に基づく考え方や家庭・社会における男女の役割と責任に関する根深い固定観念が残っていることを依然として懸念する」とした上で、以下の点を指摘している。[*6]

- こうした固定観念の存続が、メディアや教科書に反映され続けているとともに、教育に関する選択と男女間の家庭や家事の責任分担に影響を及ぼしていること
- メディアが、性的対象とみなすことを含め、女性や女児について固定観念に沿った描写を頻繁に行っていること
- 固定観念が引き続き女性に対する性暴力の根本的原因であり、ポルノ、ビデオゲーム、漫画などのアニメが女性や女児に対する性暴力を助長していること

＊5　この両者については、人種差別撤廃委員会からの総括所見（２０１８年）においても勧告を受けている。要するに、日本には、あらゆる差別について具体的に、明確に、罰則を伴う形でそれを禁止する法律がなく、差別を受けた者を保護する機関も、広範な権限をもったものとしては存在していないということである。

＊6　総括所見の訳文は、外務省による。https://www.mofa.go.jp/mofaj/files/100156147.pdf（最終閲覧日２０２４年５月29日）

・性差別的な発言が、アイヌの女性、同和地区の女性、在日韓国・朝鮮人の女性などの民族的及びその他のマイノリティ女性や移民女性、並びに女性全般に向けて続いていること

これらの懸念ゆえに委員会は、日本に対して「伝統的な男女の役割を補強する社会規範を変える取組とともに女性や女児の人権の促進に積極的な文化的伝統を醸成する取組を強化すること」、「差別的な固定観念を解消するため、教科書と教材を見直すこと」を強く要請している。とくに教科書等の教材の記述が指摘されたことは、学校現場がいかに性差別を助長しているかを見抜かれているということである。後述するように、このような「学校文化」を慎重にチェックしていかなくてはならない。

そもそも国連憲章の第1条には「人種、性、言語又は宗教による差別なくすべての者のために人権及び基本的自由を尊重するように助長奨励する」と書かれていることを深刻に受け止めなければならない。

また、日本の学校教育でよく取り上げられるＳＤＧｓの17の目標のうち5番めは「ジェンダー平等の達成」であることも思い出しておきたい。そこでは、「ジェンダー平等は基本的人権であるだけでなく、平和で豊かな持続可能な世界にとって必要な基盤である」とされている。[*7]

＊7　いまのままのペースで行くなら、女児の婚姻をなくすのに３００年、女性へのさまざまな形での差別的な法律を撤廃するのに２８６年、職場で男性と等しく女性が権力や指導力のある地位に就くのに１４０年、国会で男性と等しい代表を実現するのに47年かかると推定されている。ＳＤＧｓについての国連のホームページより。https://www.un.org/sustainabledevelopment/gender-equality/（最終閲覧日２０２４年5月29日）なお、２０２３年11月、ユネスコ総会で「平和、人権、持続可能な開発のための教育に関する勧告」が採択され、そこでもジェンダー平等の教育が重要課題とされている。

3 学校で教えられる性別役割分担

国連からのこれらの指摘を見ると、学校でのジェンダー問題を検討していかなくてはならないことがわかる。[*8]

学校では、授業の中で、あるいは日常のちょっとした子どもたちとの会話の中で教員は「人の生き方・あり方」を口にすることが多い。その語りの中に、固定的な「性別役割分担」のような発想が隠れていないかどうかチェックする必要がある。教員は、保護者と同様に、子どもにとってはきわめて身近な存在であり、かつ重要な他者として子どもに影響を与える存在だからである。だからこそ、教員が誤った、しかも差別的思考を知らず知らずのうちに子どもたちに伝えてしまっていることを考えておかなくてはならない。まずこの段階から問題を確認し、それを乗り越えていくための教育が実現されていなければならない。

ジェンダーとは、生物学的・解剖学的な意味での「性（セックス）」に対して、「社会的文化的に形成される性差」である。ジェンダー史が専門のジョーン・W・スコットの表現を借りれば、「性差の社会的組織化」ということになる。[*9] そして、それに基づいて社会における女と男のありよう（「らしさ」）が形成されていく。それは、人を認識するときの枠組みとなり、しかも規範的要素を強くもって、人々に固定的な生き方

＊8 このような課題については、これまで多くの研究がなされてきている。たとえば、木村涼子『学校文化とジェンダー』（勁草書房、１９９９年）など。なお、これまでの重要な論考のリーディングスとして、岩波書店より「新編 日本のフェミニズム」全12巻が刊行（２００９年）されているので、それらも参照されたい。

＊9 ジョーン・W・スコット／荻野美穂訳『ジェンダーと歴史学［増補新版］』平凡社ライブラリー、２００４年、24頁。

＊10 もちろん、これから本章や次章で述べていくようなことをすべて理解した上で、それでも自分は「女性らしく」生きたいと思う人がいても、それについては何の問題もない。一人ひとりの生き方は自由に保障されなくてはならない。ジェンダー・バイアスからの解放を目指す議論

を強いることになる。このような「らしさ」の呪縛から解放されなければ、人権は保障されない。したがって、性役割の押しつけから自由になり、性差別の解消を目指す「ジェンダー・フリー（教育）」という考え方は、必然的帰結である。[*10] ところが、日本では、このことが強く批判されてきた。それがまるで性別をなくす議論であるかのように誤解されたりもした。それほど、「らしさ」という道徳規範の力が、強く人々の生活を方向づけていたということだろう。ここに、政治的な圧力として、非論理的な攻撃が重ねられてきたことは、すでに第1章、第2章でみてきたとおりである。

では、女と男をめぐる関係性としての「らしさ」に着目すると、どういう問題が見えてくるのか。たとえば、「女らしさ」に関しては、それがいかに「男の論理」であるかはすぐにわかる。いまやジェンダー問題を語るときの古典になったボーヴォワールの『第二の性』から、いくつか引用しておきたい。ここに挙げられているような「女の生き方」という規範に反した者、あるいはそこから逃れた者は「反乱者」となるとも書かれている。[*11]

●男が手にする特権、子どもの頃から自分にあると感じている特権、それは人間としての使命が男としての運命を制約しないということである。（中略）男は分裂していない。一方、女には、女らしさを完成させるために、自分を客体、獲物にすること、つまり絶対的主権をもつ主体としての要求をあきらめることが求められる。

は、解放された後の生き方を固定させるものではない。そんなことまで主張すれば、議論は逆戻りしてしまう。ただし、その「生き方」の判断がどのような状況下でなされるのか、その部分になんらかの性差別が入り込んでいないかどうかは検討しなくてはならないだろう。

＊11　シモーヌ・ド・ボーヴォワール／『第二の性』を原文で読み直す会訳『［決定版］第二の性—Ⅱ体験　下巻』新潮文庫、2001年、390〜392頁。この書は「人は女に生まれるのではない、女になるのだ」という表現で「女」が文化的構築物であることを示したが、1972年出版の『決算のとき—ある女の回想』（朝吹三吉他訳、紀伊國屋書店、上下巻、1973〜74年）の中で「ひとは男に生まれない。男になるのだ」と書き、「男らしさもまた、初めから与えられたものではない」としている（下巻、197頁）。

- 女らしさの観念になじまない女は性的に、そしてその結果、社会的に価値を下げることになるのだ。社会が性的価値を取り込んでしまっているからである。
- ひんしゅくを買いたくない、社会的信用を失いたくないと思っている女は、女として女の条件を生きなくてはならない。
- 男にとっては、慣習が自律的で能動的な個人の要求にそって定められているので、順応するのはまったく自然である。一方、女の方は、彼女もまた主体であり能動性でありながら、女を受動性にとどめておこうとする世界の中で生きなくてはならない。

おそらくこれを読んだ「男性」は、まるで自分が非難されているように感じるだろう。だから、「男だって大変なんだ、苦労があるのだ」といった論調で対抗しようとする。こうして男女二元論の罠にはまっていく。そして、ここから「らしさ」の固定を「生物学的」で客観的な特性に基づいているかのような議論（生物学的決定論）が展開されていくこともある。[*12]

たとえば、男性は体力に優れ、力仕事が向いていて、狩りをして食料を確保しなければならなかったから、もともと「外」で働くものなのだ、女性はその間、子育てなども含めて家庭を守るのだ、といった具合である。男性の「暴力性」を正当化しようとするときにも、なぜかこの「狩猟時代」の例がもち出される。この例自体が歴史学

*12 性差を「自然なもの」とみなす説明の仕方とそれに基づく役割分業といった議論は、もちろん日本に固有のものということではなく、ヨーロッパにおいて18世紀から19世紀にかけて形成されてきたものである。姫岡とし子『ジェンダー史10講』（岩波新書、2024年）などを参照されたい。また、イギリスの政治学者ペイトマンの議論をもとに、女性差別について、キリスト教の特徴なども見据えながら整理したものに、中村敏子『女性差別はどう作られてきたか』（集英社新書、2021年）がある。

的に本当なのかどうかは別にしても、今日、パソコンの操作がそんなに力仕事だとは思わないのだが、なぜか「狩猟」生活が参照され、「男は外で仕事だ」となる。仮に、ある仕事をするときに筋肉の「力」が必要なら、その「力」がある人がすればよいのではないか。また、「農耕」生活が「らしさ」の理由づけにあまり登場しないのも不思議である。「農耕」でも説明できるとの反論もあろうが、ここでの問題は、どう説明するのか、ということの「政治性」である。しかも、「外での仕事」が生活を支えるための中心的な活動であり、きわめて重要な役割を担うものなのだ、したがって「男性」は重要な存在なのだ、という言説になる。

これに対しては、たとえばマリア・ミースは、いくつかの実地調査をもとに反論している。「現存する狩猟民や採集民の間においてさえ、女性が日常の食糧の八〇%を供給しているのにたいして、男性は狩りによってほんの僅かな部分を提供しているにすぎない」のであり、「狩猟は、通常言われているほどの経済的重要性を決して持っていない」と。そして、大きな獲物を狙いに狩猟遠征に行く際には「女性によって供給される食糧（狩猟によって生産されたのではない食糧）に依存」しなくてはならないとも述べている。[*13]

ここで、女と男のどちらが主であるかを実証的に論証したいのではない。そして、そのこと自体が重要なのでもない。ここで問題としたいのは、何の疑いもなく、都合のいい理屈で男性中心の世界像を描いてきたことの恣意性の告発の重要性であり、そ

＊13　マリア・ミース他／古田睦美・善本裕子訳『世界システムと女性』藤原書店、1995年、160～161頁。

れとともに、ジェンダーとは、むしろそのように「肉体的差異に意味を付与する知」なのであるという認識の重要性である。それは、「文化や社会集団や時代によってさまざまに異なっている」のであり、「女の生殖器官をも含めて肉体にまつわるいかなるものも、社会的分業をどのように形づくるかについて唯一絶対の決定を下したりはしていない」と、スコットは指摘している。[*14]

また、ドイツ社会史が専門のジョージ・L・モッセは、同性愛をめぐる記述において、「性的領域などで何が正常で何が異常な行為と見なされるかは、普遍的法則の結果ではなく歴史的発展の産物なのである」として、性に関する諸価値を相対化してみる必要を述べている。[*15]

要するに、何に着眼し、何を性差として見ていくのかといったこと自体が説明されるべき対象というわけであり、私たちが他者を理解しようとするときに、どこに意味を見出しているかということが問題なのである。そして、その「意味」の主流を形成しているのが「男たち」であることは、すでに明らかだろう。

4　権力がつくるジェンダー規範

ジェンダーは「社会的なるもの」をよくあらわしている。けっして「自然に」そうなったわけではなく、そこには、政治的（権力的）な意図が隠されている。しかし、

＊14　ジョーン・W・スコット／荻野美穂訳、前掲書、24頁。なお、この「知」のあり方という分析が、ミシェル・フーコーの議論を踏まえていることは言うまでもないだろう。また、先に引用したマリア・ミースも、男女の不平等な関係の説明で使用される「生物学的偏向」を明らかにしなければならないと指摘している（マリア・ミース他／古田睦美・善本裕子訳、前掲書、139頁）。

＊15　ジョージ・L・モッセ／佐藤卓己・佐藤八寿子訳『ナショナリズムとセクシュアリティ―市民道徳とナチズム』ちくま学芸文庫、2023年、18頁。また次のようにも指摘している。「例えば、つい最近になって示されたように、同性愛は中世初期の重要かつ有力な階層の間で容認され、尊敬さえされており、後になって初めて教会や国家にとって危険視されるように

性差に基づく「らしさ」（あるいは役割分担）は、生物学的に決まっているという発想で議論されやすい。たとえば、脳の構造が違うといったことまでが言われる。なんらかの違いがあるとしても、そのことがどうしてある事柄への向き不向きを決定することになるのか。いまあるさまざまな「役割（職業）」は、人類がいまのような脳の構造になるころから存在していたのか。

先の「狩猟時代」の例も同じだが、あまり現実的とは思えない比較（比喩）が語られることの問題は、そのことで権力関係が隠されてしまうことである。この権力関係の形成こそが、差別や人権侵害を成り立たせている。つまり、ジェンダー・バッシングは、人々が差別構造に気がつくことを恐れているがゆえに激しくなる、と見ることは可能だろう。だから、それは「政治的」問題となり、実際に政策に影響を与えることになっていくのである。[*16]

このバッシングは、男女の二元論を維持し、それによる差別を差別と思わせないようにするために、その構造を「歴史」や「自然」、あるいは家族をめぐるさまざまな「伝統」によって正当化していこうとする。それでも、この対立が「らしさ」をめぐる攻防である限り、これまでどおりの構造を維持したいと思う側にとっては、それほど心配する議論にはなっていかない。なぜなら、同じ軸の上を左右に行ったり来たりしているだけだからである。しかし、その二元的分類自体を成り立たせなくする者があらわれると事態は急変する。それは危険な存在として警戒され、排除されていくこと

なった。一八世紀においてさえ、司祭と少年の鶏姦行為は喜劇の題材となりえたのである。しかし、一九世紀の初めまでには、そうした物語が喜んで読まれることはなくなり、その司祭は病気であり罰せられるべきだと主張されるようになってしまっていた。」（18～19頁）

＊16　たとえば、２００６年、内閣府の男女共同参画局は、『平成18年度版男女共同参画白書』の中（第2部・第3章、第2節）で、「内閣府では、平成18年1月、地方公共団体において、『ジェンダー・フリー』について、男女共同参画基本計画（第2次）に記述された趣旨を踏まえ、今後はこの用語を使用しないことが適切との考えを示した」と書いている。https://www.gender.go.jp/about_danjo/whitepaper/h18/web/index.html（最終閲覧日２０２４年5月28日）

になる。そのことを象徴的に示す事件として、1990年の「府中青年の家」事件がある。

「アカー（OCUR）」という同性愛者の支援を行う団体が[*17]、「府中青年の家」という東京都教育委員会が管理する宿泊・学習施設を利用しているときに、他の施設利用者から差別・嫌がらせの被害を受けた。アカーはその嫌がらせに対処するよう要請した。ところが、「青年の家」所長は、逆にアカーに対して施設の使用を禁止すると発言したため裁判（1991年に提訴）になったのだが、都の教育委員会は、アカーの人たちを、秩序を乱す恐れがある者だとした。裁判結果は、アカー側の完全勝訴となった。おそらく現在の感覚では、この判決は当然だと認識されるだろう。しかし、次のような報道に接すると、やはり楽観視はできない。

2022年6月に開かれた自民党議員が参加した会合でLGBTなど性的マイノリティへの差別的内容が記載された冊子が配られた、と新聞が報じた。その「神道政治連盟国会議員懇談会」と称する会合で配られた冊子（神道政治連盟の研修会での大学教員らによる講演録とのこと）には、「同性愛は先天的なものではなく後天的な精神の障害、または依存症」などと書かれていたそうである。その「依存症」は、ギャンブル依存症と同じく個人の強い意志で抜け出せるなど、治療の対象であるとの記載があったという[*18]。同性愛を「病気」だとする見方がいまだに存在していたことに驚く。おそらく本気で病気だと思っているわけではなく、あってはならない存在だというこ

＊17　1986年に結成。当初は「動くゲイとレズビアンの会」と称していたが、1999年にNPO法人となり、通称であった「アカー」を正式名称とした。同性愛（者）についての正しい知識・情報の普及や差別・偏見の解消を目指して活動している。地方自治体の委託によるHIV検査・相談事業等も積極的に行っている。ホームページhttps://www.occur.or.jp/（最終閲覧日2024年5月29日）を参照されたい。なお、「人権ネットワーク・東京」（1998年に、被差別当事者の意見を東京都の施策に反映させることを目的に発足し、2012年より現在の組織として運動を展開）の構成団体として2023年7月1日付の「解放新聞東京版」（部落解放同盟東京都連合会機関紙）にも活動が紹介されている。

＊18　朝日新聞デジタル（2022年7月1日発信）などによる。

とを表現するために「障害」や「依存症」という一般的にはマイナスにイメージされる用語を使用したのだろう。

これはかなり深刻な事態である。国会議員で自らトランスジェンダーであることを告白する外国の例は珍しくなっているし、国内の裁判所においても、同性婚が制度上認められていないのは「違憲（状態）」であるとの判断を下す例も出ている。ＯＥＣＤ（経済協力開発機構）の２０１９年の調査でも、日本はＬＧＢＴなど性的マイノリティの権利を守るための法整備の遅れが指摘されている。これは、同性婚制度や人権侵害を調査する機関の設置など41項目の達成度による評価で、日本は35カ国中34位。韓国・日本・トルコが最も消極的な国とされた。逆に最も積極的だとされたのは、カナダ・ポルトガル・フランス。20年前にも同様の調査があったが、この20年間で各国はかなりの進捗を示している。しかし、日本とトルコはほぼ状況が変わらない国となっている。以前は、イギリス、アメリカなどが最下位を争っていたが、両国とも加盟国平均（達成度53％）を大きく上回るほどの整備を進めてきている。[＊19]

これに対して岸田首相は、同性婚の制度化によって、家族観や価値観など社会が変わってしまうと述べ、その否定的見解が問題視された。その後、社会が変わってしまうような問題だから議論することが大事だという言い方に修正されたのだが、いずれにしても認識が逆である。つまり、同性婚などの制度化によって社会が「変わってしまう」のではなく、もうとっくに社会は変わってきているのであって、それに対して

＊19　２０２３年２月16日付東京新聞などの記事による。

現在の制度が追いついていないことが問題なのである。人権・権利は、道徳的な課題ではなく、法の整備によって保障されるものである。もちろん制度化によって社会が変わるという面はあるのだが、それは、人権が積極的に保障される社会への変化が目指されていなければ意味がない。日本は、この点においてきわめて消極的である。

このように見てくると、性別というものがもつ機能、すなわち、差別構造をつくり出し、それを維持していく機能に注目せざるを得なくなる。ここから脱するためには、どうすればよいのか。実は、これまでのバッシングが何に対してなされてきたかを考えれば、その方法が見えてくる。それは、学校での性教育に対してであった。つまり、「らしさ」は学校という制度を通して、確実に子どもたちに伝えられてきたのである。だからこそ、バッシングする側は、その学校現場の動きには敏感なのである。学校で自由な性のあり方・生き方などが教えられたのでは、せっかくカムフラージュされてきた差別構造が維持できなくなってしまうからである。逆に、だからこそ、それを突破していくような「包括的性教育」が必要なのである。

第6章

性教育を受ける権利

1 学校が植えつける男女二元論

学校は、性や性別に対して子どもたちにどんな伝え方をしているのか。

まず、学校は、女か男かというカテゴリーで人間が二分されることを伝えている。[*1]これが学校での生活の出発点となる。日に何回も「出席をとる」ことによって、このことは確認されていく。いまでは「男女混合名簿」を使用する学校が増えているが、かつては当たり前のように男子が先に呼ばれ、女子が後であった。私の通っていた小・中学校では、男子の出席番号は1番から始まり、女子は31番から始まっていた（当時は45人学級）。これを単に順番の問題に過ぎないと軽視してはいけない。義務教育期間中、これが何千回と繰り返されることによって、また、学級委員長は男子で、副委員長は女子といった「暗黙の了解」へと教員が（無自覚的に）誘導することによって、いつの間にか両者の間に優劣が形成されていく。こうして子どもたちは、自ら「らしさ」に基づく行動をとるようになる。そうでないとみんながざわつく。このようなことが果たして完全に過去のものになったといえるかどうか。[*2]

学校で学ばれたこのような認識枠組みは、自らの行動をも規制していくことになる。それが、たとえば進学先や就職先の選択にも影響していることはすぐにわかる。それを少しでも「是正」しようとして、理系の大学に進学する女子を増やすためにど

＊1　本書では、男女を表現するときに、あえて「女・男」という順に書いている。もちろん、順番を変えればよいという問題ではなく、またそれによって何かが解決されるわけではない。ただ、仮に「女・男」という表現に少しでも違和感をもったとすれば、それはなぜなのか、その違和感はどこで学ばれたのかを考えてほしいので、「女」を先に書くようにした（すでに慣習的表現になっているものは、男を先にした場合もある）。

＊2　教室の中でのジェンダー・バイアスの問題などについては、虎岩朋加『教室から編みだすフェミニズム─フェミニスト・ペダゴジーの挑戦』（大月書店、2023年）を参照されたい。

うするかといったことが議論されたりする。しかし、保育系の大学（短大含む）や専門学校に進学する男子が少ないので、なんとかしてそれを増やさなければならないといった政策提言は、ほとんど聞かない。つまり、この発想には、乳幼児への対応は女子が優れている（担うべき）のだという強い信念のようなものが横たわっている。このことが、逆に、男子をも差別していくことになるのは言うまでもない。せっかく「是正」しようとしているのに、そのことがかえってジェンダー・バイアスを強固にしてしまう。

ＯＥＣＤが実施している国際学習到達度調査（ＰＩＳＡ）は、日本では、国際社会における「学力」順位として大きく注目されているが、本来、「学力」をめぐるさまざまな分析が中心の調査である。その中で、正答率のジェンダー・ギャップについて見ると、読解力と数学の成績は、全体として、読解力では女子が勝り、数学では男子が勝るという傾向が示されているが、国によって異なる結果となっている。この点に関し調査報告書は、このような女子と男子との差は、「生まれつきの能力によって説明されるものではなく、社会的・文化的文脈がステレオタイプな行動を強化し、生徒の成績の性差に結びついている」と分析している。[＊3]そのような「文脈」の重要な位置に学校があるといえるだろう。

学校での生活が長くなればなるほど、子どもたちは、自分の性別によって、自分がどんな生き方をするのか、どんな価値をもっているのか、どんな価値をもった者とし

＊3 PISA 2022 Results — The State of Learning and Equity in Education, Vol.1 p.123. (https://www.oecd-ilibrary.org/ 最終閲覧日２０２４年5月29日) なお、牧野百恵『ジェンダー格差―実証経済学は何を語るか』中公新書、２０２３年（とくに第４章）も参照されたい。

て期待されているのかを学んでいく。それは自らの日常生活上の態度や思考するときの価値として定着し、人間理解のあり方を規定していく。そして、それは、支配・被支配の関係の構築へとつながっていく。

このように、学校を通して性別をめぐる価値や態度が伝えられることによってどのような生き方が定着するのかといえば、日本の伝統的・理想的家族観とされているもの、つまり、「男」による支配を当然視する家父長制的生活ということになるだろう。[＊4] これは女・男という二元論で生き方を固定化し、差別社会を維持しようとするもので、まさしく「伝統的に」維持されてきた手法である。したがって、同性婚はまったく議論に入ってこない。というよりも、徹底的に否定され、生き方として認められない。それでもなおこの二元論に抗すれば、「病気」だとされる。まさにひとつの抑圧的イデオロギーとして、この二元論は機能することになる。

性別がこのように社会的に利用されているとすれば、性別とはある種の「政治的発明品」と言えるだろう。性別には価値がついているのであって、それに基づいて、ある一定の役割を遂行するよう人々を方向づける実質的な規範力をもっている。それは、日本の「伝統」として引き継ぐべきひとつの型として提示される場合もある。問題にすべきなのは、「伝統的」なるものの、そしてジェンダーの政治性である。[＊5]

いずれにせよ、少し冷静に考えれば、仮に生殖機能という点で人間を分類し得るとしても（その分類自体も実は医学的にそれほど簡単ではない）、そのことがどうして

＊4 この理想的な家族像は、戸籍制度によって支えられている。したがって、夫婦別姓などはこの制度の破壊につながるとして忌避されることになる。第1章で確認したような「純潔教育」は、いまでも生きているのである。「多様な家族の形」を学ぶ包括的性教育とは正反対である。

＊5 なお、たとえば「良妻賢母」といった言葉に代表されるような「伝統的」ジェンダー観は、今日では明確に批判されるが、明治時代においては男女平等の思想をあらわすものだった。ただ従順であることが求められ、子どもの養育も任せてもらえない状態から、それを責任をもって担

価値規範となっていくのかは、不思議な現象ではないだろうか。

2　繰り返されるマイクロアグレッション

学校ばかりではなく、私たちはふだんの生活の中で、無意識的に、性別を根拠にして、あるべき生き方を前提とした話し方をしている。ありふれた、気にするほどではないと思われているような表現の中に差別が練り込まれている。感覚を研ぎ澄まして、注意深く一つひとつの発言を聞いておかないと、そのままやり過ごしてしまうことがある。

このような表現のことをマイクロアグレッションという。マイクロアグレッションとは、「ありふれた日常の中にある、ちょっとした言葉や行動や状況であり、意図の有無にかかわらず、特定の人や集団を標的とし、人種、ジェンダー、性的指向、宗教を軽視したり侮辱したりするような、敵意ある否定的な表現」と定義される。[*6]しかも、発言している側は、善意だと思っている場合が多い。それは、よくよく思い返してみないと気づかないくらい「小さな（マイクロ＝ミクロ）」ものなのだが、それを何度も浴びせられていると、それらが蓄積していき、自尊心を傷つけられ、自己否定的になり、精神的な安定を失っていく。それほど強い「攻撃性（アグレッション）」をもっている。「小さい」というのは、拡大しないと見えてこない、ということであって、

い、かつ家の中を任せるに足るだけの賢い妻であり母であることへの変化が平等の実現と考えられた。これが女子教育（女性の立身出世）を進展させもした（斎藤美奈子『モダンガール論』文春文庫、2003年を参照）。もちろん、これは、現代においては「平等」どころか「差別」の温床になる発想である。また、良妻賢母と国民形成の関係を指摘したものとして、加藤千香子『近代日本の国民統合とジェンダー』（日本経済評論社、2014年）も参照されたい。

＊6　デラルド・ウィン・スー／マイクロアグレッション研究会訳『日常生活に埋め込まれたマイクロアグレッション―人種、ジェンダー、性的指向：マイノリティに向けられる無意識の差別』明石書店、2020年、34頁。

けっして「つまらないこと」「大したことではない」ということではない。注意しておかないと可視化されない、ということである。

次のようなジェンダー問題に関する具体的な事例を見ると、マイクロアグレッションの深刻さがわかってくるはずである。デラルド・ウィン・スーの著書から、いくつか紹介してみたい。[＊7]

たとえば、男性に対しては「積極的ですね」と言うけれど、同じことを女性には「でしゃばり」と言う。男性には「ぶれないですね」と言うが、女性には「意固地だ」と言う。男性は思っていることをためらいなく口にすると、「すごくフランクな人だ」となるけれど、女性に対しては「おしゃべりだ」という評価になる。このような解釈と評価の違いは、学校の中での教員と子どもとの関係にも当てはまるだろう。同じことをしていても、女子生徒と男子生徒への教員の対応が不当に異なるということは、多くの人の経験が証明しているはずである。[＊8]

これらは、その人が女か男かによって評価が変わってくる事例であったが、ここにLGBTなどの性的マイノリティとされる人たちを加えると、もっと特徴的な、偏見に満ちた解釈と評価がなされていくだろう。

このように見てくると、教員の発言や行動の中に、とくに性に関して、どんな価値観あるいは偏見が隠れているのか、そのあたりの解明から日本の性教育は進めていかなくてはならないだろう。とくにジェンダーについてのマイクロアグレッションは、

＊7　デラルド・ウィン・スー／マイクロアグレッション研究会訳、前掲書、２８１頁。

＊8　「女子生徒たちの訴えによれば、学校では女子の方が多くいたとしても男子が先生に当てられる頻度が高いという。彼女らは見えない存在、重要ではない存在、男子生徒に比べて知識がないと思われているのを感じると訴えている。」同前書、２８０頁。

「往々にして教育現場で使われるテキストやマスメディア、制度規範、文化的スクリプトに書き込まれており、これらは必ずしもあからさまに性差別的ではないが、加害者と被害者の双方が内面化しているであろう隠れたメッセージを伝達」するのであるから。[*9]

このように学校という空間では、教員から、ジェンダー・バイアスに基づいた発言が繰り返されていると見なければならない。教員自身は、それに無自覚である場合がほとんどだろうが、それは確実に子どもたちの思考と志向に影響を与えている。

一方で、社会全体で見れば性の多様性の認識はかなり広まってきている。ただし、家族のあり方に議論が及ぶと、性別役割がまだまだ強く意識され、なかなか多様なあり方が承認されずにいる。とくに政治の場面で繰り返されるジェンダーに関する時代錯誤ともいえる発言や考え方が教育現場に深く影響していることは、すでに見てきたとおりである。世界的動向からのかなりの距離を感じざるを得ない。

この距離を縮めていくためには、包括的性教育の考え方を基盤としてカリキュラムを編成していくことが必要となる。包括的性教育は、人間関係の問題、価値観や人権の問題から性をとらえ、人の生き方全体を包括する、そういう概念として「性教育」を位置づけている。これは、「テーマ主義」と言われる日本の性教育のあり方とは大きく異なる。

＊9　同前書、268頁。

3　差別を温存する3つの壁①――「寝た子を起こすな」論

ここからは、性をめぐる差別構造を明らかにし、人権保障としての性教育を実施していこうとするときに、突破しなければならない「壁」について考えてみたい。つまり、人権問題として性を語ることに反対する言説（バッシング）をいかにして乗り越えていくかという課題である。その「壁」とは、「寝た子を起こすな」論、「勘違い（考えすぎ）」論、そして、「被害者（被差別当事者）責任」論である。これらは、いずれも差別を温存していく議論であり、すべての差別問題に通底する課題である。

まず、「寝た子を起こすな」論の克服が課題となる。

これは人権課題解決のために第一に取り組まねばならない「壁」である。当たり前だが、差別・人権課題があるということを知らなければ、その解決も不可能である。ところが、この「寝た子を起こすな」の議論は、そもそも差別あるいはなんらかの課題となっている事柄があるという現実を伝えてはいけないと主張する。その言い分は「差別があると教えるから逆に差別が続いてしまう、差別があると知らなければ、そのうち差別はなくなっていく」というものである。これがおかしな論理であり、かつ、差別している側からの発言であることはすぐにわかる。なぜなら、何が差別であるかがわからないのだから、差別していること、あるいは差別されていることにも気がつかなくなり、いまある差別はそのまま放置されることになるからである。「女性」が差別されていると教えたから、その差別はいまも続いているのだろうか。「黒人」差別があると教えたから、その差別はなくならないのだろうか。２０１６年に制定されたいわゆる「部落差別解消推進法」の第1条には、「現在もなお部落差別が存在する」と明記されている。人権保障に関する法律に書かれていることを伝えずに、人権問題を考えることができるのだろうか。

「寝た子を起こすな」論のねらいは、教えない（伝えない）ことによって、その存在を見えないようにする（不可視化する）ということである。なぜ、そんなことをするのか。見えてしまうと不都合が生じると考える人たちがいるからである。

つまり、差別現象が自らにとって都合がよいという人たちがいるということである。ここで、アルベール・メンミによる差別の定義を見ておきたい。そのことで、誰が「利益」を受けるのかという発想が差別・人権問題を考えるために必要であることがわかるはずである。

> 差別主義とは、現実上の、あるいは架空の差異に普遍的、決定的な価値づけをすることであり、この価値づけは、告発者が己れの特権や攻撃を正当化するために、被害者の犠牲をも顧みず己れの利益を目的として行なうものである。[*10]

＊10　アルベール・メンミ／白井成雄・菊地昌実訳『差別の構造─性　人種　身分　階級』合同出版、１９７１年、２２６頁。さらにメンミは、「現実のものであれ、架空のものであれ、被告の個々の欠点はかれの同胞全てに拡げられる。（中略）差別主義には対象を集団として扱う要素が存する」（２３２頁）とも指摘している。

ここに書かれている「差異」「価値づけ」「正当化」「利益」といったキータームが、差別を構成する要素だということになる。

まず、「差異」が宣言され、そこに価値がつけられる。ここでメンミは、「架空の差異」という言い方もしている。この定義は、おそらくここに重点がある。「差異」は、意図的につくり出されるということである。たとえば、性別という差異は、先に「発明品」ではないかと述べたが、それは、このメンミの定義とつながっている。つまり、差異の構築自体が強い権力作用によってなされているということであり、だからこそ、そこにつけられた価値は「決定的」なものになるわけである。したがって、その価値自体が逆転することはなく、まるで「自然」なことのように意識されていく。価値の上下がはっきりしていれば、それに基づくさまざまな処遇の違いも正当化されていく。もはやそれは差別だとは思われず、それによって誰かが利益（金銭的なものだけとは限らない）を得ても、当然だということになっていく。

この定義に加えることがあるとすれば、それは、このような差別関係構築の「正当性」自体を制度的に保護しているものがある、ということだろう。そして、その役を引き受けているのが学校だ、ということになる。

では、性教育に関して、この「寝た子を起こすな」という言葉は、何に対して発せられるのか。それは、「性交」を教えることに関してである。それを教えれば、かえって性行動に「乱れ」が生じ、若者たちの加害・被害が増えるという懸念が「寝た子を起こすな」と発言させるわけである。しかし、これが事実に反することは、第3章・第4章で紹介してきたように、包括的性教育の実践において明らかになっている。初交年齢は遅くなり、かつ、慎重に考えた上で、相互の合意が大切にされるようになることがわかっている。

また、性感染症の予防に関しては、学習指導要領でも重要視されているが、どのような行為の結果、感染症にかかるのかがわからなければ、対応のしようがない。新型コロナウイルス感染症が流行したときには、それが医学的にどう評価されるかは今後のことであるとしても、あれほど具体的な予防策の周知がなされたではないか。

ところが、性に関することになると、急に消極的になり、むしろタブーであるような扱いを受ける。「寝た子を起こすな」論は性交を「不可視化」する議論だが、なぜ、そうする必要があるのか。1980年代後半のいわゆる「エイズ・パニック」のときには、かなり具体的な対策（コンドームの使用も含め、性交についても言及されていた）が語られていた。それを機に性教育が盛んに行われるようにもなった。しかし、2000年代に入り、すでに見てきたようにバッシングの対象になっていったわけである。

一時の流行・パニック等の突発的出来事には神経質なまでに反応するが、少し時間が経つと、状況はほぼ変わっていないにもかかわらず、すぐにその熱は冷めてしまい、いつの間にか元に戻ってしまう。そういうことは、日本ではよくあることであ

る。せっかくの教訓がまったく活かされないという事例には事欠かない。性教育にもこのような日本特有ともいえる「熱しやすく冷めやすい」文化的作用が働き、「不可視化」に巧みに利用されていると見たほうがいいかもしれない。

性交が見えなくさせられ、子どもたちが「寝た子」のままでいることで何が起こるのか。それは、性をめぐる人間関係が検討されるべき対象として意識されなくなる、ということである。それは、これまでの関係の「あり方」を批判的に見直し、もっと別のあり方があるのではないのかという思考を封殺することになる。これまで無自覚的に差別構造の維持に加担してきた人々をわざわざ「起こす」必要はない、というわけである。「寝た子」であれば、恋愛といえば「異性愛」に決まっているのであって、まさかそれが、一定の人々の犠牲の上に成り立ってきたなどとは考えもしないだろう。

より一般化して言えば、批判的思考から人々を遠ざけること、これが「寝た子」を起こしてはいけない理由である。したがって、この議論は、あらゆる差別の解決に大きな「壁」として立ちあらわれる。差別を差別として意識し、検討すべき課題として分析のメスを入れられてしまっては、これまで維持してきた差別構造が崩れてしまうのだから、それを防ぐためにこの「壁」は強固につくられている。性に関して言えば、維持すべきは伝統的家族観（それを支える戸籍制度）であり、それを相対化する性の多様性の議論は、絶対に避けなくてはならない。俎上（そじょう）に載せるとしても、それは「道徳」的課題としてであって「社会」のあり方としてではない。先の首相による「社会が変わってしまう」という認識は、まさにこのことを述べたものである。
こうして、性をめぐるさまざまな問題・課題が、個人的な問題に矮小化させられていく。これが第二、第三の「壁」となっていく。

4 差別を温存する3つの壁②――「勘違い」論

第二の「壁」は、差別をめぐる「勘違い（考えすぎ）」論という「壁」である。これは、何らかの被害が表明されたときに、「それはあなたの勘違いではないのか」との議論を展開していくものである。たとえば、痴漢に遭ったという女性に対して、あるいは、セクハラを訴えた女性などに対して投げかけられる。そのことで、被害自体をなかったものとし、差別も存在していないのだ、という結論を導き出す。すべては被害者の勘違い、あるいは考えすぎ、ひどい場合には自意識過剰とまで言われる。このこと自体がさらなる被害を生み出しているのだが、この「壁」によって、もうそれ以上の声は届かなくなってしまう。

確かに、数ある事例の中には、本当に勘違いであるという場合もあるかもしれない。私が大学院生だったとき、事務室から差別を受けたと言って興奮して院生控室に入ってきた中国からの留学生がいた。みんな大変なことが起こったと思い事情を聴いてみると、彼が事務職員から要求されたことは日本国籍の学生にも要求されているも

のであった。この限りにおいては、その留学生の勘違いなのである。しかし、むしろこのことは深刻な事態を証明している。問題は、なぜ留学生がそれを「差別」だと思ったのかということである。それまでの日本での経験が、そう思わせたのである。それくらい、日々、差別を受けていたのである。だから、すぐには用意できない書類を要求され、今回もまた差別されたのではないか、と感じたわけである。批判されなくてはならないのは、勘違いしたことではなく、勘違いさせた（そこまで追い込んだ）日本社会の側である。

また、実際に被害者に対して、「そんなことにいちいち腹を立てていたのでは、世の中やっていけないぞ」と言わんばかりの議論が展開されることもある。深く考えすぎず、「それくらいのこと」はやり過ごせというわけである。ときには、「相手だって、差別するつもりはなかったんだ」という言い方がこれに加えられる。その「つもり」があろうがなかろうが、差別は存在するのだが、「事を荒立てるな」といった形で被害者が責められることさえある。この「壁」は、「寝た子を起こすな」論と同様に、被害者に泣き寝入りを迫る。誰が、誰に対して、どのような内容を「それくらいのこと」と言ったのか、一つひとつチェックしていく必要がある。

なお、この「勘違い（考えすぎ）」論は、いろいろな差別を歴史的に学んでいくときの注意点にもなる。たとえば、女性参政権についてであれば、それは権利獲得の、そして差別克服の歴史として語られていくはずである。そして、現在は、それが「達成」

された状態である、となる。ということは、女性に対する「差別」もなくなったのだという「誤解」を子どもたちに与えてしまうかもしれない。もし、この印象をもったままの状態で、差別があるという訴えを聞いたとすれば、それは「勘違いなのではないか」「考えすぎではないか」との議論を引き起こしてしまうだろう。なぜなら、いまはもう差別はないはずなのだから。

この心配はけっして「考えすぎ」なのではない。2016年に、「障害者差別解消法（障害を理由とする差別の解消の推進に関する法律）」、「ヘイトスピーチ解消法（本邦外出身者に対する不当な差別的言動の解消に向けた取組の推進に関する法律）」、「部落差別解消推進法（部落差別の解消の推進に関する法律）」という、いわゆる人権三法と呼ばれる法律が施行された。これによって、各法律が取り上げているような差別はなくなったのだ、あるいは少なくともこの件についての議論は「一件落着」したのだという印象をもった人たちは意外に多い。

5　差別を温存する3つの壁③――「被害者責任」論

もうひとつ、被害に遭う側にも（差別される側にも）何らかの責任があったのではないかという「被害者（被差別当事者）責任」論という第三の「壁」がある。これは、今日の新自由主義的な社会状況下での「自己責任」論と親和性が高く、性被害に関してとくにもち出される。

一般的に差別の実態を伝えようとするときに、「差別されている人たち」という受け身表現で問題状況が説明されることが多い。被害を具体的に伝えなければ人権の救済も難しいのだから、そのこと自体が悪いわけではない。しかしながら、差別問題は、差別する側の問題である。差別「される」という事態の前に、必ず差別「する」という行為がある。[*11] このことを踏まえずに、「される」という受け身のみで説明していくと、関心は「される」側に集中してしまい、「する」存在を忘れてしまう。その結果、差別されるほうにも問題があったのではないか、という発想を生み出しかねない。学校の中では、たとえば「いじめられるほうにも問題があった」という言い方をよく聞く。いったいどんな「問題」があれば、いじめは正当化されるのだろうか。そんなことはあり得ない。教員がこのセリフを吐いた瞬間に、いじめられていた子は、もう二度と学校には来ないだろう。あるいは、自分の存在を否定する、精神的にきわめて大きな傷を負わされることになる。

性被害に関して言えば、たとえば、女性が被害に遭った場合、「襲われても仕方のないような服装」をしていたのだと語られることがある。いったいどんな「服装」だと、襲われても、命をねらわれても仕方ないのだろうか。痴漢に遭いたくなければ、電車に乗らなければいい、とまで言われることがある。常識的に考えて、あり得ない

＊11　阿久澤麻理子『差別する人の研究』旬報社、2023年。

発言なのだが、実によく聞く。

「フェミサイドのない日本を実現する会」の発起人である皆本夏樹は、「性別を理由にした暴力は、被害者の女性が何らかの行動をした、あるいはしなかったから起こるのではなく、加害者が加害したかったから起こる」とはっきりと指摘している。そして、性暴力事件を語るときに「女性の行動を論点にすること自体が、加害者から目を逸らさせ、女性に責任を押しつける構造を再／生産している」と、問題の核心を突いている。[*12] ２０２３年11〜12月には、上智大学で「そのとき、あなたは、何を着てた？（What Were You Wearing?）」という展示会があった。性被害経験者20人がそのとき着ていた服装を再現して展示したもので、「露出の多い服を着ていたから」被害に遭ったということではないことが明らかとなった。もちろん、仮に、肌の露出の多い服を着ていたとしても、「だから被害に遭うのも仕方ない」というのは、まったくおかしな話である。人はどんな服を着てもいいいし、星がきれいだからと外に出て夜空を見上げてもいい。「そんな夜中に外に出るのが悪い」のではない。安心して星も眺められないような社会状況をなんとかしなくてはならない。公益財団法人プラン・インターナショナル・ジャパン（国際ＮＧＯ）の国際調査によれば、「夜に安全に出歩くことができる」と答えた15歳以上の女性の割合は、２００６年（52・６％）と２０１８年（55・１％）とでほぼ横ばいとなっている。このペースだと、「すべての女の子と女性が安全に夜道を歩けるようになるには、１５０年以上かかる」とのことである。[*13]

＊12　皆本夏樹「神話に抗って生きる」『シモーヌ』ＶＯＬ.７、現代書館、２０２２年、39〜43頁。

＊13　公益財団法人プラン・インターナショナル・ジャパン編『おしえてジェンダー！「女の子だから」のない世界へ』合同出版、２０２３年、73頁。

6 スクール・セクハラの現状

以上検討したような3つの「壁」の議論に共通していることは、いずれの主張も、人権課題を構造的に見るのではなく、問題を個人化した上で道徳的に解決しようとしている点にある。性教育が、ずっと「性道徳」の議論にすり替えられていく日本の特徴は、まさに人権論の欠如を証明している。そして、いずれの「壁」も、性をめぐるさまざまな問題が話題になるときに、頻繁に登場する。

性教育は、人権教育として取り組まれる必要があるのであって、道徳教育と重ねてしまうと、規範教育になっていく。これでは個人の意識のあり方を規定する構造的な課題が見出せなくなる。その「構造」は、意図的・政治的につくり上げられた（仕組まれた）ものであり、誰かの犠牲の上に築かれている。求められている性教育は、これに気がつくような、そしてその構造を変えていくような実践でなくてはならない。

したがって、学校がそれらの実践を可能とする場として確立されていなければならず、そのために必要なことのひとつが、スクール・セクハラの解決である。ここには、教員による児童生徒への「わいせつ行為」はもちろんのこと（これは性犯罪と表現したほうがふさわしいのだが）、教育実習生に対するハラスメントも含まれる。

子どもたち自身が、何が性被害に当たるのかを知らなければ訴えることもできず、問題が表面化することはないのだから、これまで述べてきたように、具体的にそれを学ぶ必要がある。同時に、教員自身にも、この学習は必要である。「親しみを込めて体にふれただけだ」といったことは理由として通らないことを知らなければならない。

教員と子どもたちとの間には権力関係があり、仮にその被害を認識できたとしても、なかなか子どもから訴えていくことは難しい。同じ構造が、教育実習生に対する受け入れ学校の指導教員等からのハラスメントにも当てはまる。このことは、一般的にはあまり議論されていない。教員養成課程にかかわっている大学教員であれば、残念なことだが、毎年、何件かはこのような事案に向き合わなければならない。それほど、実習生に対するハラスメントは多い。

ある調査報告によれば、実習セクハラ被害率は、およそ3％である。[*14]「女らしくない」「男らしくない」と言われたり、卑猥な冗談を言われたり、身体を執拗に眺めまわされ、必要もないのにさわられたりといったケースが多い。では、被害に遭った実習生はこれにどう反応したのか。多くは、「事を荒立てたくない」「軽く受け流した」という理由で「問題」とはしない道を選んでいる。まさに「壁」の検討で見えてきたことがそのまま現実となっている。[*15]

なお、心配なこととして、これまでであれば典型的なセクハラとして認識されていたような、宴会や打ち上げ会と称した酒の席でお酌やデュエットなどを強要されたというケースが、実習生にハラスメントとして認識される割合が低い点である。これ

＊14　以下の記述は、内海﨑貴子（川村学園女子大学・当時）らによる実態調査に拠っている。『教育学研究』（日本教育学会）第82〜84巻（2015〜2017年）で報告が掲載されている。

＊15　大学側も、当該学校へ事実確認を申し入れたり、教育委員会に問題を報告するなどの対応をとる場合もある。しかし、教育実習校確保の観点から、本来守るべきは実習生であるとわかりながらも、学校に対して強く抗議できないという事情が報告されることもある。このあたりにはかなり構造的（行政的）な問題も隠れている。

は、ハラスメントとは何かについて、十分に学ばれていない証拠でもあるだろう。いずれにしても、このようなハラスメントによって、教員になることをあきらめる学生も出てきている。教職への希望を奪った学校現場の「体質」は強く非難され、かつ、法制度の整備も含めて、対策が講じられなくてはならない。[*16] たとえば、国連からの勧告にあったように、包括的な差別禁止法の制定や人権救済機関の設立が議論されなくてはならない。

日本の性教育実践は、まずは、学校自身がさまざまなハラスメントを許さない環境になるところから始めなくてはならない。そうでなければ、学校での教育を経験することによって、差別を正当化する論理が学ばれていくことになる。

＊16　２０１２〜２０１３年に国会において、教員採用試験で性自認や性的指向を問う適性検査が行われていたことが問題視された。伝統的性別役割観を前提とし、そこからのズレを測ろうとするものであり、きわめて差別性が強く、またそのズレを「病理」としてとらえようともしていた。

第7章

包括的性教育の実践に向けて

1　教員間で必要な情報共有

ここまで性と性教育をめぐるさまざまな問題・課題を見てきた。その上で、では、実際に学校で何ができるのか、何をしなければならないのかを考えてみたい。

その前に、まず、学校での教員の年齢構成に偏りがあることの問題にふれておきたい。小中学校の教員の年齢構成を全国的に見ると（２０２２年度）、20歳代後半から30歳代前半、そして50歳代後半の教員数が多く、40歳代は少ない。[*1] 人数の多い30歳前後の教員は、世の中が「エイズ・パニック」と言われていたころに生まれた世代であり、いわば性教育元年前後の生まれともいえる。その世代が小学生（高学年）から中学生のころが、ちょうど性教育バッシングの時期と重なる。学校現場が「性」を扱うことに萎縮し始めたときであり、義務教育段階を通して、性教育があまり活発ではなかった時期にあたる。それと対照的なのが40歳代で、性教育を比較的しっかりと実践しようという機運にあった90年代に小中学生だった世代である。しかし、その数は少ない。その上の50歳代後半から60歳過ぎの世代は、70年代に義務教育期間を過ごし、第二波フェミニズム運動を社会の動きとして実感できた世代である。つまり、教員間での性教育をめぐるさまざまな考え方や実践がどのように引き継がれているのか（いないのか）という問題を考えておきたいのである。

＊1　文部科学省ホームページ「学校教員統計調査―令和４年度」より。https://www.e-stat.go.jp/stat-search/files?stat_infid=000040167962（最終閲覧日２０２４年５月29日）

性教育を受けた経験がなく、社会全体としてもそこから遠のいていた時代を過ごしてきた者にとって、性教育実践はなかなかイメージしにくいだろう。第4章の実践報告を思い出してほしい。包括的性教育実践の素晴らしい事例なのだが、他の教員との連携や学校全体としての取り組みになっていかないこと（つまり、カリキュラム化できないこと）が問題として指摘されていた。逆に、学校現場での性教育の移り変わりをリアルに描いた第2章の報告を見れば、バッシングされる前の職員室の雰囲気がいかに活発なものであったかがわかる。ときには反発があっても、それは、教員たちが子どもたちの「性」をめぐって語る場があったからこそである。

要するに、性教育をどう実践していくかを具体的に考えるためには、まずは、教員どうしのつながりをつくり上げていくところから始める必要がある。いわば教員同士の「仲間づくり」である。[*2] そのような「仲間づくり」、そして語り合える「場づくり」がないままでは教員は個々バラバラの状態となり、それぞれが性教育に取り組もうとしても、課題が共有できず、過去の実践の引き継ぎも難しい。その結果として、これまで懸念してきたように、発想の中に純潔教育に通じる要素を含み込んだ「性道徳」という形での指導イメージになる可能性がある。

このような「つながり」ということに関して言えば、保護者とのつながりも欠かせない。たとえば、かつての七生養護学校での実践は、保護者から強く支持されていた。そして、子どもたちの現実（生活背景）をしっかりと把握している教員の姿があった。

＊2　この場合の「仲間」とは、「仲良し」の関係ということではない。子どもたちの性に関する悩みにともに向き合おうとする関係のことである。

近年、「家庭訪問」がさまざまな理由で実施されていない地域も多いと聞く。この「訪問」には意義があったことを振り返りつつ、いまも可能である地域はそれを大事にし、そうでない地域でも、いろいろな形で学校と家庭をつなぐ方法を模索していく必要がある。教育基本法の第13条で、学校・家庭・地域社会の連携が謳われていることを活かし、学校の教育目標達成のために家庭等を動員するかのような（あるいは学校の補完的役割を担わせるような）ものではなく、あくまでも学びの権利主体としての子どもの現実から出発した連携を考えたい。

なお、このような「環境」整備と同時にやっておくべきことは、教員自身が、本書全体を通じて述べてきたジェンダーという視点から学校の中を見直すことである。まわりくどいようだけれど、このことが「環境」整備へとつながっていく。

その際、第5章でふれたように、ＳＤＧｓの内容を教員間で共有しておくことがよい契機となるのではないか。社会科を含め、今日、学校教育のあらゆる場面でＳＤＧｓに言及されることは多いはずである。それを活かせば、自ずとジェンダーや人権という発想から教育を見ていくことになる。[*3]

2　ジェンダーの視点からの教科書分析

実践を考える上で、次に大切なこととして、教科書内容をジェンダーの視点からチ

＊3　ＳＤＧｓの内容全体については検討が必要。それぞれの内容を同時に成り立たせようとすると矛盾が起こる場合もあり、また、人口問題には明確な方向性が示されていないなど問題も多い。

ェックしておくことを挙げたい。もちろん、法的に使用義務が課されている主たる教材としての教科書だけではなく、すべての教材についてチェックが必要である。

現在の日本においては、確かに、選挙権等の権利については男女同等になったと言われているとしても、実質的には、「女らしさ」が求められ、またそれに基づく役割分担が当然のように語られる差別状況がある。ジェンダーは、それを告発する概念となる。これがフェミニズム運動の第二波の特徴であり、「個人の生活まで含めた、あらゆる領域での男性支配を白日の下にさらした」のである。[*4] これは、今日では、とくに新しいことではないと感じられるだろうと信じたいのだが、近年の教員の多忙化により、教材研究も十分にできない状況を考えると、改めて確認しておかなくてはならない。

では、ここでの「チェック」とは、どのようなものであるべきか。それは、性別役割分担のような内容がそのまま何の疑いもなく書かれている部分を見出すということなのだが、その発見の後、すぐにその教材（教科書等）を使用しないという選択をするということではない。[*5] あくまでも教材として用い、その「分担」等をめぐって子どもたちとどのように議論を展開させていくかが重要である。すでに多くの論者が指摘しているように、教科書の記述は、異性愛を前提に書かれている場合が圧倒的である。重要なのは、それを批判的に検討できる思考を子どもたちが獲得していくことである。第4章での実践にあったように、子どもたちにどんどん意見を出してもらう、疑問点や気になったことを言ってもらう、そのような展開の中から子どもたち自身が

＊4　姫岡とし子『ジェンダー史10講』岩波新書、2024年、18頁。

＊5　それが教科書であった場合には、その部分について教員間で認識を共有しておき、なんらかの形で教科書の改訂時に活かされるようにしておきたい。

気づいていく経験を大事にしたい。

新聞を教材として使用するのも、有効な方法である。最近は、性の多様性をめぐる記事も多い。夫婦別姓の制度化を求める動きなどについても、ずいぶんと報じられている。たとえば、毎年3月8日は、国際女性デーであることから[*6]、この日の各紙は、女性問題をはじめとして「性」をめぐるいろいろな記事を特集している。これを経年的に分析し、教材化していくことも可能だろう。

また、とくに道徳の教科書の記述内容の分析は重要だと感じる。そこに、「性（別）」をめぐる偏見が入り込んでいる可能性がある。日本での性教育は「性道徳」という形で展開されることが多いのだからなおさらである。

教材研究をしていく上では、女や男といった二分法で人間を分類していく「思考枠組み」という点から、より深い教科書分析も必要となる。たとえば、歴史の授業に関して、「歴史」がどのように語られているのか。近代化による「市民」の中に女性はどう位置づけられていたのか（いなかったのか）など、歴史記述のあり方や史資料の読み取りを「性」を基軸として行っていくとどういう特徴が見えてくるのか[*7]。

いずれにしても、学習指導要領の枠内で実は包括的性教育は「できる」のだということを確認しておきたい。バッシングを恐れて、学校現場がまるで「性交」を扱うことが禁止されているかのように誤解していたことが、性教育の後退を招いてしまったのである。「七生養護学校の問題」も含め、そのような「バッシング」が違法であると

＊6 「国際女性デー（International Women's Day）」は、国際女性年であった1975年に「3月8日」をこれまでの歴史の中で女性が成し遂げてきた成果を認識する日として国連で提唱された（77年の国連総会で正式決定）。20世紀初頭の欧米での労働運動に端を発しているとされる。この日を祝日としている国もある。

＊7 姫岡とし子は、2022年度から導入された「歴史総合」の教科書を例に、このような観点からの分析例を示してくれている。姫岡とし子、前掲書、第4講（歴史叙述とジェンダー）を参照。

判決において結論が出されているのだから、学校は、安心して、子どもたちの実態に即した教材研究に時間を使っていくべきである。

3　子どもたちを観察することから

教員同士の「仲間づくり」を基盤として、性教育を実践できるような学校環境という「場づくり」と教科書分析という「内容づくり」からスタートできたなら、いよいよ包括的性教育を実際に取り入れてみるというところに至る。しかし、現実的には、第4章などを参照しながら、まずは包括的性教育を「やってみる」ことによって、「仲間づくり」「場づくり」「内容づくり」が動き出す。したがって、思考の順番としては、いま述べてきたような手順だとしても、実際の動きとしては、まず「やってみる」ところから入っていくことになる。

包括的性教育の内容は、すでにみてきたように非常に多様かつ複雑である。だからこそ、自分の学校・学級にいる子どもたちに何が必要なのか、その中から豊富に選び出すことができる。また、さまざまな教科と関連させて実施することもできる。包括的性教育は、性交や妊娠、出産といったいわば「生殖」の問題を解剖学的・生理学的に扱うだけでなく、それをひとつの核としながらも、もっと広く、さまざまな人間関係の中で人がどう生きていくかということ

にかかわる内容を重視している。

だからこそ、科学的に生殖のことも学ばなくてはならない。正しい判断を導く知識がなければ、性に関する被害・加害が拡大していく。一見すると道徳教育と交差すると思われる要素も出てくるのだが、あくまでも権利として人の「生と性」を支える社会構造の問題に迫っていく点で、包括的性教育は人権教育なのである。

そのことを教員が理解しておけば、どこから始めてもよい。何をいつやるかという判断の前提は、「子どもの様子」を見ながら、ということになるだろう。あるいは、そのときに各教科で扱っているテーマとの関連性を考えておく必要もある。唐突に性に関する話を始めても、子どもたちは、教員が何を言いたいのかがわからず戸惑うだろう。ごく普通の、日常の子どもたちとの会話から性教育につなげていくこともできる。たとえば、家族の話をしていたなら、そこから「ガイダンス」にあるキーコンセプト1の「家族」につなげていくことは容易だろう。学校の中での日常会話は、男女の別を前提としたような話題にあふれている。いずれにせよ、包括的性教育は人が生きるということを基盤にしたものなのだから、日常のどんなことも性教育とつなげていくことが可能なはずである。

このような性教育実践を可能とするには、学校環境の「場づくり」に「学級づくり」を含めておかなくてはならない。子どもたちが過ごす学級が、単なる知識習得の場ではなく、生活の場となっていることが大切となる。そこでの子どもたちどうしの関係づくりをしておかなければ、性に関する知識も、宙に浮いたものになってしまう。

それでも教員が性教育実践に後ろ向きになるのは、おそらく、その授業によって子どもたちが悪ふざけをするのではないか、それがいじめを誘発するのではないかといった心配があるからだろう。あるいは、子どもたちに恥ずかしいと思わせてしまうことを心配する場合もあるだろう。知識を教えることばかりが先走り、子どもたちの問題と結びついていなければ、確かにそういう状態にもなるだろう。

しかし、性教育は、単に知識を伝えるというものではない。「性」は「生きる」ということと密接につながったものとして学ばれていかなくてはならない。包括的性教育が子どもや社会の現実に即した「課題主義」に立脚しているのは、このためである。第3章で確認したように、日本での「テーマ主義」との違いをもう一度意識化しておきたい。

4　外部講師や保健室の利用

このように、包括的性教育の実施のためには、教員が子どもたちの様子に敏感になり、その子どもたちの姿と「性」との関係に自覚的になっている必要がある。

とはいえ、意欲だけでは対応できない内容があることも確かである。その場合にどうするか。第4章でもふれられていた外部講師の活用がその答えのひとつになるのではないか。[*8]

たとえば、医療従事者を外部講師として招き「出前授業」をしてもらえるよう、学校はさまざまな人や機関とつながっていく必要がある。ただし、この方法も、学校の「場づくり」ができていなければ、単発での講演といったものとなり、いずれ子どもたちの記憶から消えていってしまうだろう。そして、教員は性教育を「やったつもり」になってしまうだろう。

もうひとつの答えは、保健室の活用である。これはとくに新しいことではない。第2章でも明らかなように、子どもたちは、いろいろな悩みを抱えて保健室に行く。そこに置いてあった性に関する本を読むことで、そして、養護教諭と話をすることで、自分の悩みに一定の解決策を見つけ出す。自分のモヤモヤとした悩みを言語化したり、その悩みに対して明確な知識の裏づけを得たりしていく。学校全体の中で、保健室がそのようなセーフティ・スペースとして機能していくように位置づけたい。性教育実践に保健室を巻き込む、あるいは、保健室の側から学級を巻き込む形で性教育を仕掛けていくこともあり得る。そのためにも、やはり「仲間づくり」「場づくり」が同時に動いていなければ（動かしていかなければ）ならない。

性教育実践は、一人では難しい。たとえ良い実践が行われていても、その教員が異動したり、退職したりすれば、そこで切れてしまう。したがって、包括的性教育の「ガイダンス」が、カリキュラム化を重視している点はきわめて重要なことである。[*9]

＊8　第3章の冒頭で紹介した産婦人科医の高橋幸子の活動などを参照。

＊9　第5章のはじめに、子どもの権利条約に関する国連からの勧告を紹介したが、その中でも性教育について必須カリキュラムとしていくことの必要性が掲げられていたことを思い出しておきたい。

それが、性教育の継続性を担保してくれるからである。ただし、その場合には、テーマ主義のようなカリキュラム化ではなく、子どもたちに即した学びを保障するものになっていなくてはならない。この点からのカリキュラム研究が必要となる。そのためには、性教育実践にとって学校自体がそれを阻む「壁」を形成していないかどうか、チェックしていく必要がある。

5　学校文化の壁を壊す作業

ここで、あえてひとつの疑問を示しておきたい。そのことで学校がこれまでどんな価値とどんな生き方を子どもたちに伝えてきたのかを再認識したい。そして、それを徹底的に洗い出す作業が「場づくり」となるはずである。

その「疑問」というのは、次のようなものである。学びの権利を保障する場である学校で、なぜ、性別や性的指向、その他性をめぐるさまざまなあり方が「問題」になるのか。どうして女か男か、性的感情として誰が好きかといったことが国語や数学などの教科学習に関係するのか。確かにこう問われれば、分数を学習するときにその学習者の性別が問題になるなどということはない、と考えるだろう。

ところが、学校という「場」は、どんなときでも、性（別）をきわめて細かく問題にする場なのである。おそらくまったく意識されないままに、慣習としてそうしていることが多いのだろう。学校や教員の中に染みついていると言ってもいい。男女別の名簿のことなど、本書の随所で述べてきたが、学校は、男女の役割を前提にその空間がつくられている。LGBTやSDGs、多様性の尊重など、いろいろな「ことば」によって平等や人権が語られているはずなのに、教室での学習場面では、誰にどのような発言を求めるか、誰にどんな役割を充てるか、男女差が練り込まれた対応がなされる場合がある。

ずいぶんと前から指摘されているにもかかわらず、相変わらず、男女での色分けは慣習となっている。たとえば、小学校での帽子の色や形（女子はチューリップハット、男子はキャップ）に始まり、さまざまな持ち物に違いがつけられている。鍵盤ハーモニカにも色分け（青とピンク）がされている場合もある。いったいどんな必要性があるのか。どちらの色を選んでもいいという問題ではない。

ひとつのエピソードがある。小中学校の教員とともにフランスに学校調査に行ったとき、パリの空港に着き、みんなトイレに行っておこうということになった。ある女性教員（シスジェンダー女性[*10]）が男子トイレに入っていこうとし、途中で気づき引き返した。間違えた理由は、その空港では、トイレを示す壁の色は男女関係なくオレンジだったからである。男女の別はピクトグラム（絵記号）で示されているのであり、色分けではない[*11]。しかし、オレンジという色につられて、ごく自然にそれが女子トイレだと思い込んだわけである。普段から人権課題に取り組んでいる人であったのだが、

*10 シスジェンダー（cisgender）とは、性自認と出生時に診断された性別とが一致している人を指す用語で、トランスジェンダーの対義語。出生時に「女」とされ、自分自身を「女性」だと思っていれば「シスジェンダー女性」ということになる。

*11 もちろん、そのピクトグラムがなぜ男女を示すことになるのか、そこにジェンダー・バイアスがあるのだが。

学校（そして日本社会）での色分け文化が知らないうちに身体化してしまっていたのである。本人も、そのことを自覚し、フランスに着いたばかりでさっそくいい体験をした、と述べていた。

さらに続けてみたい。

中学校や高校での制服（校則の内容も含め）も、男女別の典型であることは言うまでもないだろう。[*12] 体育でサッカーをする際、男子は利き足ではないほうでシュートをするとか、ドッジボールのときも、男子は利き腕ではないほうで投げる、といったルールをつくることもある。まったく子ども個人の様子を見ずに、カテゴリー化した上での判断が前面に出ている。[*13] このような「配慮」は、男子は女子よりもスポーツが得意で力強くなければならないというメッセージとなる。そうではない男子は、劣等感を負わされる。また、サッカーもドッジボールも得意な女子は「男勝り」と言われるだろう。男子は「女子に負けるな」と言われることで、ますます鬱屈し、自己嫌悪に襲われることにもなるだろう。教材である教科書にも、このような男女の違いを前提とした記述がなされていることも多く、学ぶということと女であるか男であるかということがなかなか切り離せなくなっている。

こうしたことは、おそらく教員も「つい、やってしまう」といったレベルなのだろう。それくらい染みついているものであり、それゆえに確実に子どもたちに伝わり、再生産されていく。卒業式の準備で、飾りつけは女子、椅子を並べるのは男子[*14]といっ

＊12　最近では、制服のスタイル（スカートかスラックスなど）を選べるようにするといった学校もあるが、そもそもなぜ着るものが制服でなければいけないのか。ここでは深入りはしないことにする。

＊13　そもそもこういう「ハンディキャップ」を設けるということ自体に含まれる問題性もある。学校観や教育観の問題になるが、この件も深入りしない。

＊14　ちなみに、このような会場準備の仕事に対するジェンダー・バイアスは、教員の役割分担にも見られることがある。

た具合に学校は性別役割分担に満ちている。運動会での応援団長が女子になったときも、「へぇ、女子なんだね」といった感想が教員の間からもれてくる。「へぇ、男子なんだね」とは絶対に言わないだろう。

子どもたちは、つねに自分が女であるか男であるかを問われているのである。そのカテゴリー化に違和感をもっていたとしても、自らをどちらかに分類していかなければならない、そういう状況に追い込まれる。このような環境では、安心して学習していけるはずがない。いつもドキドキしていなくてはならない。その「違和感」は、あってはならない感覚として、否定的に見られているのだから、なおさらである。

「学校文化の壁を壊す作業」という表現は、かなり壮大なことをイメージさせてしまうかもしれないが、むしろそうではない。あまりに当たり前になってしまっていて、気がつきにくいからこそ見えなくなってしまっているもの、だからこそ「文化」になってしまっているもの、誰も「壁」だとは思っていないものを、地道に洗い出す、ということである。かえって「壮大」ではないかと言われるかもしれないが。

この点で、私たちは実は「いい経験」をしている。それは、新型コロナウイルス感染症対策である。[*15] それは、これをやめたら学校教育の根幹にもかかわるだろうから当然なくすことはできないと多くの教員が思っていたような、当たり前だと思われてきたようなことが、さまざまな行動制限が課される中で一挙に相対化されるという経験

＊15　学校がコロナ禍でどんな対応をしたのか、その国際比較（24カ国）をしたものとして、園山大祐・辻野けんま編著『コロナ禍に世界の学校はどう向き合ったのか―子ど

であった。授業のあり方や学校行事の実施など、あらゆるものが見直され、入学式や卒業式も中止になった。しかし、学校教育が崩れることはなかった。なければないで済んでしまう程度のものだったということがわかった。炎天下での朝礼などは、なくてもよかったのである。[*16]

もちろん、これまでとの対比で見れば、急な変化に対応できずに困惑する子どもや教員が出たことも確かである。しかし、コロナ禍を機に、これまで考えられてこなかったようないろいろな工夫があり得ることがわかってきた。この経験を活かして、学校の中を総ざらいしてはどうか。これが、一見すると遠回りに思われるとしても、性教育実践をつくっていくための必須の作業となる。

も・保護者・学校・教育行政に迫る』（東洋館出版社、2022年）がある。

＊16　学校に行けなくなることで、マスコミなどでは「学びを止めるな」といった報道もあった。しかし、それは危機感をあおるだけで、実際には学びが止まるはずはない。この「止めるな」という言い方は、学校による学びの囲い込みを前提としており、むしろ学校でしか学べない状況にしていること、人々にそう思わせていることを批判しなければならなかったはずである。

終章

抵抗としての包括的性教育

1　差別の再生産をしないための性教育

私たちは誰もが自分らしく生きたいと思っている。では、その「自分らしさ」はどのように構築されていくのか。さまざまな人間関係の中で「自分」がつくられていくというのが単純な答えだろうが、その関係は自由に結ばれていくものではない。強い社会的な価値によって規制されている。とくに「性」という観点において。

現在、私たちは、「性別」において生きている（性別化）、あるいは、生きていかねばならないとされている。つまり、私たちは「分類」された上で、そのカテゴリーの性質だと想定されている行動様式に従って他者との関係を結んでいくことになる。しかもその分類の境界線は、明瞭なものでなくてはならない。そうでなければ、他とは異なる「自分」の構築にはふさわしくないからであり、役割分担の明瞭さも維持できなくなるからである。

そして、現在の日本では、そのカテゴリーは、女か男かの2つしかない。しかもそれは、「女か男か」ではなく、「男か男でないか」という二分法である。分類という行為は、価値づけを含んでいる。

この二分法に対して異を唱えるために、性的マイノリティという新たなカテゴリーを提示していくことは、かえって分類行為自体のもつ問題性を見えなくしてしまう。

カテゴリーの数が多いことが、多様性の尊重につながると考えるのは危険である。結局、「性」をめぐって人間を分類しようとしていることに変わりはない。それは「性」の制度化であり、権力化である。そして、人は「男性化」していくことに価値が置かれる。しかも、この権力構造は、自然なこととしてイメージされていく。この自然化させていく仕組みは巧妙であり、学校制度を通して世代間で受け継がれていくことは、すでに確認してきたとおりである。

ここで、第6章で紹介したアルベール・メンミの「差別の定義」を再び引用しておきたい。[*1]

差別主義とは、現実上の、あるいは架空の差異に普遍的、決定的な価値づけをすることであり、この価値づけは、告発者が己れの特権や攻撃を正当化するために、被害者の犠牲をも顧みず己れの利益を目的として行なうものである。

あらためて、これを性別による差別の定義として読めば、その問題性がよくわかるのではないか。性差がことさらに強調され、そこに「男性優位」の価値がつけられ、それを根拠とした処遇の差異は正当化され、「男性化」した者たち（マジョリティ）が利益を得る、という構造。「差異」が「架空」であるという点には異議があるかもしれない。しかし、個人の状況を見ずに、性をめぐる偏見に基づいてその差異がつくられ

＊1　アルベール・メンミ／白井成雄・菊地昌実訳『差別の構造―性 人種 身分 階級』合同出版、1971年、226頁。

ていくという点では、まさに「架空」ともいえるだろう。もっと言えば、一見すると明らかと思われる身体的な違いについても、「一九八〇年前後から、われわれが抱く身体観は一八世紀後半以降の西洋近代医学を基盤としたものであり、それ以前の身体把握は異なっていたこと、つまり身体的性差も歴史的変数の一つだったことが明らかに」なってきていることも考えれば、[*2]その差異化の政治性をこのメンミの定義と重ねてみなければならないだろう。

誰かが「利益」を受けているという点に関しても、たとえば、男女の賃金格差を例にすればわかりやすいだろう。職種、年齢、学歴、勤続年数等で説明できる範囲を超えて格差があることは、すでにあらゆる統計によって明らかにされている。つまり、「説明できない格差」があるということである。これは、業績に対する評価において女性のほうを低くしがちであるといったような、無意識の偏見からくる格差ではないかと予測できる。[*3]

このような格差問題は、それ自体として、政策的にも解決が目指されねばならないのだが、性教育として目指されるのは、このような構造への気づきであり、その構造からの解放である。つまり、差異とそれに基づく処遇の違いという社会的に構築されたものを「自然化するメカニズム」を解き明かすということである。仮に「生物学的な」違いについてであっても、その違いは男性中心の見方（世界観）によって認識されている違いである。したがって、その違いを証明しようとして提示されるデータ

＊2 姫岡とし子『ジェンダー史10講』岩波新書、２０２４年、１１８頁。

＊3 ２０２４年3月8日付東京新聞「給与 説明できない格差」より。また、永瀬伸子は男女の賃金格差について女性が勤務地移動の少ない業界（企業）を選ぶことや「育児休業をとったり（中略）残業をしなかったりすることがマイナスの評価になるからではないだろうか」と分析している（「連載 女性の働き方と社会保障、第5回」『書斎の窓』２０２２年11月号、有斐閣、38頁）。なお、２０２４年5月13日東京地裁は、ほぼ全員が男性である総合職にのみ家賃補助をしたことは、男女雇用機会均等法が禁じる「間接差別」にあたると判示した。

は、結局は、男性優位を基礎づけるものになっていく。しかも、「客観的な」データに基づくと言われることで、それはごく自然な違いから説明されるものだと認識させられていく。けっして差別的な性質のものではない、と。しかし、「その生物学的な自然自体が、自然化された社会的構築物」であるとしたらどうだろうか。[*4]

私たちは、自由にものを考えていると自覚していたとしても、このような構造の中で割り当てられた「らしさ」にそって考えてきたのではないかと疑ってみることができる。そもそもその「割り当て」に最初から乗れないことによってつらい思いをさせられてきた場合も、それが自分の責任なのではなく、構造自体との違和であったことに気づくことができる。ある一定の職業や進路選択などを性差において分析すれば、女性あるいは男性の排除を明らかにすることはできる。ある一定の進学先を選ばないように女性自身（男性自身）を誘導していく、本人も無自覚であるその再生産過程に気づくこともできる。本書が性教育の成果として期待したいことは、このようなことである。つまり、「性」をめぐる差別的・抑圧的構造の再生産過程への気づきと、それへの抵抗であり、その結果としての解放である。

2　自由のための包括的性教育

「性」がどのように利用され、いかにして人々の自由を奪ってきたか。包括的性教育

＊4　ピエール・ブルデュー／坂本さやか・坂本浩也訳『男性支配』藤原書店、2017年、41頁。マリア・ミースも「自然という概念は社会的不平等や搾取関係を『自然な』、先天的な、それゆえ社会変革の範囲をこえるものとして説明するためにたいへん頻繁に使用されてきた」と述べている（マリア・ミース他／古田睦美・善本裕子訳『世界システムと女性』藤原書店、1995年、140頁）。

の内容（「ガイダンス」）を、このような観点からもう一度見直してみると、それがいかに人権教育実践となっているかがわかるはずである。人権教育は、「人権教育及び人権啓発の推進に関する法律」などの法的根拠をもって推進していかなくてはならないのだから、性教育をそこに位置づけることも、学校現場で実践していく際の工夫のひとつとなるのではないか。

一方で、「性」はきわめて個人的な事柄として認識されているために、プライバシーへの配慮が心配される。しかし、同時に、そこにこそ社会的課題が練り込まれていることは、本書全体を通して述べてきたつもりである。プライバシーにかかわることだから公教育では取り上げにくいということではなく、むしろ反対に、これまでそれを「学ぶ権利」として位置づけてこなかったがためにプライバシーが侵害されてきたのである。性をめぐる加害も被害も放置され、根拠のない俗説などによって子どもたちは危険な状態にさらされてきた。しかも、正しい知識と認識によってその状況から抜け出す前に、子どもばかりでなくすべての人々の「からだ」と「こころ」は、とくに２０００年代に入ってから、法的に管理される対象になってしまった。

まず「からだ」が、２００２年公布の健康増進法によって、国家の支配下に入った。憲法25条によれば健康で暮らすことは人々の権利であるにもかかわらず、この法律では、生涯にわたって「自らの健康状態を自覚するとともに、健康の増進に努めなければならない」（第2条）というように、健康であることを国民の「責務」とした。健康で暮らせるかどうかが自己責任になったのだから、医療費の負担も増やされた。また、その第10条には、厚生労働大臣は「国民の身体の状況、栄養摂取量及び生活習慣の状況を明らかにするため、国民健康・栄養調査を行う」とも書かれている。国による完全なる「からだ」の管理である。

次に、「こころ」が、2018年度から実施されている「特別の教科　道徳」によって、公的な支配の下に入った。子どもたちの心の状態が評価対象とされ、その評価結果は、指導要録という公文書に記載され、一定期間保存される。子どもたち（それは結果としてすべての人々）の心のあり方を公的に問題視してよいという枠組みが確立されたことになる。[*5]

このように国家的に管理（自由を奪う支配関係に入ること）された「からだ」と「こころ」を自らのものとして取り戻していかなくては、安心して生活していけない。そのために必要な「知識」が権利として保障されなくてはならない。だから性教育が必要なのである。しかも、それは包括的性教育でなければならない。自由を奪われた「からだ」と「こころ」を取り戻すためには、人権・権利という思想を基盤とした教育が必要だからである。

包括的性教育は、自由への（つまり民主的原理への）抑圧的諸施策に対して、抵抗的・対抗的側面をもち得る。この点は、これまであまり議論されてこなかった包括的性教育の位置づけであろう。このような「からだ」と「こころ」の解放に向けた教育

＊5　宮澤弘道・池田賢市『「特別の教科　道徳」ってなんだ？―子どもの内面に介入しない授業・評価の実践例』（現代書館、2018年）を参照。

論を今後具体的に検討していくことが必要になってくる。

3　現状維持の思考枠組みからの解放

私たちは、いろいろな問題をどのように解決しようとしているのか、その思考のあり方を最後に振り返ってみたい。すると、問題解決のために「どのように分けるか」という「方法」を一生懸命に考えていたのではないか、と思えてくる。

女・男という分け方に不都合が生じた場合、女・男の二分法自体は維持しつつ、先に述べたように「性的マイノリティ」という新たなカテゴリーをつくって対応しようとする。つまり、どう分けていくか（分類していくか）を工夫しているのである。このカテゴリー化を避けるために、性を「グラデーション」として見るべきだとの発想もある。では、何と何との間のグラデーションなのか。その両極にある女・男という存在は、それでよいのかどうか。なぜ、生殖機能に着目して二分された軸の上のどこに位置するかということで自分の存在を確認されなくてはならないのか。また、「障害児」の教育についても、通常の学級とは異なる場所をつくって、そこに収めようとする。[＊6] さらには、「不登校」への対策も、どんな子どもでも通常の学校で学べるような環境をどうつくっていくかを考えるのではなく、不登校の子どもたちを別の場所に移そうとする。しかも、それを「多様な学び」と表現することで、権利保障したかのよ

＊6　ちなみに、「障害」もグラデーションで理解しようとする主張もある。一見すると多様性の尊重と思われやすいのだが、そのグラデーションの尺度はどのように成り立っているのか。誰が判断するのか。もちろん、完全なインクルージョンが成り立っているのなら別だが、そうではないいまの日本の状況では、どこからが特別支援学校・学級の対象者になるのかも、グラデーションなのだから明確にはできず、そのときどきの線引きの権力性の問題になっていく。

うに見せかける。しかし、学びが多様なのではなく、学び方と学ぶ場所が多様になっているだけであって、学習内容は相変わらず学習指導要領に縛られている。

このように「分け方」をめぐっていろいろな議論が交わされているだけであり、すぐに「分けて」解決しようとする。しかし、それは「解決」ではなく「排除」である。「問題」を別の場所に移し、見えなくしていく、あるいは特別な存在にしていこうとする権力作用がつねに働いている。

「分類」には、必ず一定の役割期待（「らしさ」）が張りついている。それがなければ、そもそも分類する必要はない。分類した限りは、それがどのような性質をもつものなのか、一律に決まっていなくてはならない。だから、そこから「はみ出す」ことはなかなか難しい。それでも「はみ出た」場合には、すぐにすくい上げられ、別のネーミングで分類されていく。あるいは、秩序を乱すものとして非難され、場合によっては「病理」として、排除・差別されていく。

注意しなくてはならないのは、このような権力作用は、誰か特定の権力者によってなされているのではない、ということである。人々の思考の中にすでに「権力」の視点が入り込んでいる。支配・排除されていく側に、支配・排除していく側の論理が、いつの間にか学ばれ、定着してしまっている。その枠組みと方法で解決策を考えようとするので、結局、支配構造の維持に着地していく。

この思考方法が発動されるときの決まり文句がある。それは、「いや、でも、実際」

である。たとえば、女と男の権利の平等という主張に対して、「いや、でも、実際」女性には育児もあるわけだし、男のように働くのは現実的ではないよ、といった具合に。あるいは、障害児が普通学級で学ぶということに対して、「いや、でも、実際」勉強についていけないわけだから、別の場所で勉強したほうがその子のためだよ、など。あらゆる問題に対してこのフレーズは適用可能であり、かつ、強大な力を発揮する。それは支配する側に有利な現状を肯定しようとする思考方法である。どんな問題が提起されようが、「いや、でも、実際」と言うことで、すべては変化しなくなる。変化するとすれば、いかに現状を維持していくかの方法が多少工夫されるだけである。現状が問題を生み出しているのだから、それに対して解決策を考えようとすれば、本来は現状を変えていく必要がある。したがって、現状で困っていない者たちにとっては、「変化」はなんとしても避けなくてはならない。そのときに発せられるのが、「いや、でも、実際」無理ですよ、という言い回しである。それは、変えたくないという意志表明である。おそらく、本人たちは、そのような意志を表明したとは思っていないだろう。それくらい私たちは、現状肯定を前提として思考していくことに慣らされている。考えているつもりでも、それはいかに現状の差別・支配構造を守るかを考えることになっている。現状肯定である限り、本当は、考える必要などまったくない。考えるということは、何かを変えるということにつながるのだから。

もうひとつだけ例を挙げておきたい。家庭環境（経済状態や親の職業・学歴などの項目で特徴づけられる）と子どもの学力・学歴との相関関係（因果関係ではない）は、もうずいぶん前から統計的に明らかにされている。この現状を多くの人が「問題」だとしている。では、どう解決策を練るのか。ここで道が分かれる。補習授業をしたり、習熟度でクラス分けしてみたりといった方法はおなじみかもしれない。学習塾に通う費用を公的に補助するという施策もある。あるいは、家庭学習をパソコン等を活用することで充実させていくという方法も考えられている。その他いろいろな工夫が提案されているのだが、これらはすべて、学校での成績は家庭環境の影響を受けるという現状を大前提にして考えられている。したがって、何をしようが現状は変わらない。その枠組みの中での成功者の入れ替えが多少あり得る程度である。なぜ、どんな家庭で生活していようとも、それにかかわりなくすべての子どもがしっかりと学べるように学校をどう変えていけばいいのか、と考えないのか。そもそも、学ぶ権利を行使しようとする子どもの家庭環境がその権利保障に影響してしまうなどという状況は、公教育のあり方として肯定されるはずがない。しかし、ここで、あのフレーズが飛んでくる。「いや、でも、実際」。この思考枠組みから、私たちはいかにして解放され得るのか。その道を示してくれているのが、包括的性教育なのである。

私たちは「現状」に取り巻かれながら生きている。ここから脱するには「別の生き方がある」と自信をもって考えられるような「気づき」が必要である。「生」は「性」であると、本書は繰り返し述べてきた。「性」のあり方を知ることで、自らの「生き方」が見えてくる。ジェンダー・バイアスに縛られ、本当は不自由を感じながらも「期待」に応えようとしてきたことなどを一挙に白日の下にさらし、自らが「生・性」の主人公であることを伝えるのが、包括的性教育である。だからこそ、その実践は「抵抗」となる。そして、その先には「変革」がある。

では、何に対する「抵抗」なのか。それは「男」に対してである。ただし、この場合、「男性」として生きている具体的な個人を指しているわけではない。表面的な現象としては個人に対しているように見えたとしても、そこが重要なのではない。人間を二分し、一方（「男」）を「価値あること」として設定し、それに基づいて社会をつくり上げていこうとする政治性、そして、それを「自然なこと」として個人に一定の生き方を強いる「現状」を「変革」していくための「抵抗」である。こうして、制度化され、あるいはイデオロギー化された「性別」からの解放が展望される。

そもそも教育には、固定的価値観からの解放という機能があるのだが、包括的性教育は、そのことを子どもたちの「からだ」と「こころ」に寄り添いながらわかりやすく伝えてくれる。

おわりに

本書を書いてきて、あらためて「分ける」という発想の危険性を感じている。[*1] 分けてしまうことは、簡単である。しかし、問題状況が細分化されていくだけで、解決にはならない。しかも、その「分け方」は権力作用の結果なのだから、私たちはこれまで以上に権力支配の下に入っていくことになる。そして、それが「男による支配」であること、それを当然視する文化が学校によって再生産されていることを、本書は繰り返し強調してきた。また、この「支配」が、子どもたちの身を危険にさらすことも明らかにしてきた。

この抑圧状態からの解放を求める教育として、本書は「包括的性教育」を位置づけた。したがって、通常イメージされる性教育についての本とは「様子が違う」かもしれない。包括的性教育は、学校のあり方、社会のあり方に変更を求める実践である。私たちのこれまでの生活のあり方を規定してきた価値観を揺さぶるものである。あるいは、これまで「何か変だ」と感じながらも、なかなか言葉にできなかった、はっきりと問題の所在を認識できなかった、そういうモヤモヤとした疑念に対して、その感覚の正しさを証明してくれるものである。

最後に、「性」についての教育を支える価値を端的に示すには、どんな言い方がふ

＊1　拙著『学びの本質を解きほぐす』（新泉社、2021年）の中で、「障害」の問題を「分類」の問題として批判的に検討しているので、参照していただきたい。

さわしいか考えてみた。結局、いろいろとあり得ることは承知で、フランスの性教育（l'éducation à la sexualité）の規定を引用することにした。[*2] ２０１８年の通達には、次のように書かれている。「性教育は、自由、平等、寛容、自他の尊重という人道主義の価値（les valeurs humanistes）に基づくものである」と。性教育は人権教育である、ということがよくわかる。

本書は、「はじめに」にも書いたように、学校現場で活用してもらえることを念頭に書かれている。とはいっても、マニュアル本ではない。むしろ、具体的なことは各学校の実情に任せている。ただ、何を考え、どんな方向を目指すのかをいくつかの角度から提示した。ぜひ、教員と保護者がともに「性」についての教育を語れる場をつくっていってほしいし、その際に、本書が議論を活性化する役割を担えればと思っている。まさに本書のタイトルどおりの活用をお願いしたい。

さて、出版情勢の厳しい中、新泉社からこのように出版を引き受けていただけたことに深く感謝申し上げたい。そして、今回も、編集の内田朋恵さんには大変お世話になった。いろいろな資料を紹介していただき、教育実践として包括的性教育をどう活かしていくか、この本をまとめるにあたって何回も打ち合わせをさせてもらった。また、第2章と第4章で登場していただいた森千秋さん、内海早苗さんからは、性教育

＊2　１７８９年の革命での「人権宣言」が男性の平等・自由を謳ったものであり、女性が念頭に置かれていなかったとして、当時、「女性の権利宣言」を書いたオランプ・ドゥ・グージュの存在は日本でも知られるようになってきている。その後の歴史的検討は本書の課題ではないが、フランスは、今日に通じる性をめぐる議論のひとつの流れを形づくってきた。

をめぐる問題状況について多くのことを教えられた。その他、多くの教員の皆さんから、本書で例示されている学校内での男女間の扱いの違いなどについて教えていただいた。本書は、このように現場の実践感覚に支えられている。個別にお名前を挙げることはできないが、あらためて感謝申し上げたい。

これまで新泉社より2冊の本（『学びの本質を解きほぐす』『学校で育むアナキズム』）を出していただいた。3冊目の本書は、前2冊の思考の中から必然的に生まれてきたように感じている。あわせて手に取っていただければ幸いである。

なお、本書は、これまでの日本での性教育のあり方を批判的に検討していくことで、あらたな実践をどうつくっていくかを考えようとしたため、国際比較研究の観点が抜けている。最後にフランスの性教育[*3]の立脚点を確認したが、今後、機会があれば、諸外国での性教育の理念と実践についても考察していければと思っている。

＊3　フランスでは、2023年よりすべての人に緊急避妊薬が処方箋なしで無料となり、26歳未満の者にピルやコンドームが無料提供されるなどの法整備が行われている。

「性教育」参考文献リスト

※性教育、ジェンダー、フェミニズムに関するもので、読みやすく、現在入手しやすいものに限っている。なお、本書で言及されていてもここに挙がっていないものや、その逆のものもある。

阿久澤麻理子『差別する人の研究』旬報社、２０２３年

浅井春夫『包括的性教育』大月書店、２０２０年

天野正子他編集「新編 日本のフェミニズム」（全12巻）岩波書店、２００９年
（1．リブとフェミニズム、2．フェミニズム理論、3．性役割、4．権力と労働、5．母性、6．セクシュアリティ、7．表現とメディア、8．ジェンダーと教育、9．グローバリゼーション、10．女性史・ジェンダー史、11．フェミニズム文学批評、12．男性学）

池上千寿子『性について語ろう』岩波ブックレット、２０１３年

井上輝子『日本のフェミニズム』有斐閣、２０２１年

今田絵里香『「少女」の社会史』勁草書房、２００７年

上野千鶴子『フェミニズムがひらいた道』ＮＨＫ出版、２０２２年

加藤千香子『近代日本の国民統合とジェンダー』日本経済評論社、２０１４年

木村涼子『学校文化とジェンダー』勁草書房、１９９９年

斎藤美奈子『モダンガール論』文春文庫、２００３年

佐倉智美『性別解体新書』現代書館、２０２１年

シュラー、カイラ／飯野由里子監訳／川副智子訳『ホワイト・フェミニズムを解体する』明石書店、２０２３年

スー、デラルド・ウィン／マイクロアグレッション研究会訳『日常生活に埋め込まれたマイクロアグレッション』明石書店、２０２０年
髙橋準『［四訂版］ジェンダー学への道案内』北樹出版、２０１４年
田代美江子監修『親子で考えるから楽しい！ 世界で学ばれている性教育』講談社、２０２２年
田嶋陽子『愛という名の支配』新潮文庫、２０１９年（太郎次郎社より１９９２年刊行）
谷口洋幸編著『ＬＧＢＴをめぐる法と社会』日本加除出版、２０１９年
手丸かのこ（イラスト）・金子由美子著『おれたちロケット少年』子どもの未来社、２００３年
手丸かのこ（イラスト）・山本直英著『ポップコーン天使』子どもの未来社、２００１年
トッド、マシュー／龍和子訳『［ヴィジュアル版］ＬＧＢＴＱ運動の歴史』原書房、２０２２年
虎岩朋加『教室から編みだすフェミニズム』大月書店、２０２３年
中村敏子『女性差別はどう作られてきたか』集英社新書、２０２１年
樋上典子他『思春期の子どもたちに「性の学び」を届けたい！ 実践包括的性教育「国際的セクシュアリティ教育ガイダンス」を活かす』エイデル研究所、２０２２年
姫岡とし子『ジェンダー史10講』岩波新書、２０２４年
藤川信夫編著『教育学における優生思想の展開』勉誠出版、２００８年
冨士谷あつ子・新川達郎編著『フランスに学ぶジェンダー平等の推進と日本のこれから』明石書店、２０２２年
フックス、ベル／里見実監訳『とびこえよ、その囲いを』新水社、２００６年
プラン・インターナショナル・ジャパン編『おしえてジェンダー！「女の子だから」のない世界へ』合同出版、２０２３年
ブルデュー、ピエール／坂本さやか・坂本浩也訳『男性支配』藤原書店、２０１７年

フレス、ジュヌヴィエーヴ／石田久仁子訳『同意』明石書店、２０２２年
ペイトマン、キャロル／中村敏子訳『社会契約と性契約』岩波書店、２０１７年
ボーヴォワール、シモーヌ・ド／『第二の性』を原文で読み直す会訳『[決定版]第二の性』（全3冊）新潮文庫、２００１年
包括的性教育推進法の制定をめざすネットワーク編／浅井春夫・日暮かをる監修『なぜ学校で性教育ができなくなったのか』あけび書房、２０２３年
ボゼック、クリスティーヌ・ル／藤原翔太訳『女性たちのフランス革命』慶應義塾大学出版会、２０２２年
堀川修平『「日本に性教育はなかった」と言う前に』柏書房、２０２３年
牧野百恵『ジェンダー格差』中公新書、２０２３年
眞野豊『多様な性の視点でつくる学校教育』松籟社、２０２０年
ミース、マリア他／古田睦美・善本裕子訳『世界システムと女性』藤原書店、１９９５年
モッセ、ジョージ・L／佐藤卓己・佐藤八寿子訳『ナショナリズムとセクシュアリティ』ちくま学芸文庫、２０２３年
ユネスコ編／浅井春夫他訳『国際セクシュアリティ教育ガイダンス【改訂版】』明石書店、２０２０年
渡辺大輔『いろいろな性、いろいろな生きかた』（全3巻）ポプラ社、２０１６年

池田賢市（いけだ けんいち）

1962年東京都足立区生まれ。筑波大学大学院博士課程教育学研究科単位取得中退後、盛岡大学および中央学院大学での講師・助教授を経て、現在、中央大学（文学部教育学専攻）教授。博士（教育学）。大学では、教育制度学、教育行政学などを担当。専門は、フランスにおける移民の子どもへの教育政策および障害児教育制度改革の検討。共生や人権をキータームとして研究を進めている。著書に、『学びの本質を解きほぐす』『学校で育むアナキズム』（新泉社）、『フランスの移民と学校教育』（明石書店）、共編著に『人の移動とエスニシティ――越境する他者と共生する社会に向けて』（明石書店）、『教育格差』（現代書館）、共著に『「特別の教科 道徳」ってなんだ?』（現代書館）など。

包括的性教育をはじめる前に読む本
―社会を変える性教育―

2024年7月17日　第1版第１刷発行

著　者　池田賢市

発行者　株式会社 新泉社
東京都文京区湯島1-2-5 聖堂前ビル
TEL 03-5296-9620　FAX 03-5296-9621

印刷・製本　創栄図書印刷株式会社

ISBN 978-4-7877-2402-1　C0037

『学びの本質を解きほぐす』

池田賢市／著

A5判並製　264頁　2000円+税
ISBN978-4-7877-2104-4

校則で「下着の色」は指定できるのだろうか？ 地毛証明書はとんでもなく時代遅れではないのか？ 学校で行われているこうした事柄は、学校の外なら人権侵害として訴えられてもおかしくないことである。ところが、学校という閉鎖空間の中では、すべてが「学力向上のため」とされ、生徒も保護者も声を上げげられないばかりか、自ら進んで隷従していく。子どもたちを追い詰める「学校教育」の呪いの正体を探る。

『学校で育むアナキズム』

池田賢市／著

四六判並製　248頁　2000円+税
ISBN978-4-7877-2211-9

学校は近代的「個人」の育成のための「養成場」であり、徹底して「個人」であることが求められる場所である。だから互いに支え合う関係が断ち切られ、子どもたちは精神的に追い込まれていく。楽しい学校にするために、子どもに任せてみればいい。これこそがアナキズムと教育を結びつける核心部分である。相互に信頼し合うためにおしゃべりして、縦の命令系統ではなく横のつながりを作っていけば、きっと学校は変わる！